兵どもが千年の夢

正覚寺のルーツを尋ねて

梶原 隆博

東京図書出版

まえがき

祖母の蔵に一枚の古文書が眠っている。祖母の先祖の家系図である。それに火縄銃や刀などが保存されている。火縄銃は左打ちの銃で大変珍しい。聞けば祖母は左利きとのこと。私も左利きだ。そんなこともあり、小さい頃からなんとなく家のルーツに興味を抱いてきた。そして伯父は先祖代々の墓所に石碑を建てた。先祖代々の氏は正覚寺。その石碑の書き出しは、清和源氏の流れをくむ源頼光の子頼国から始まっている。

平安末期、頼国は名を改め箕田蔵人頼国《みたくろうどよりくに》と名乗った。時は過ぎ、22代目の箕田武蔵権頭貞世は、時の将軍足利義尚を怒らせ、戦いを挑まれ敗走する。美濃国の山中《さんちゅう》に逃げ延び、名を山中《やまなか》と改名する。やがて尼子家の家臣となり出雲に下る。

時は戦国時代。出雲で勢力を増した尼子氏は安芸国の毛利元就《もとなり》に戦いを挑んだ。西国制覇を狙う両氏の戦いは幾度となく繰り広げられた。結果、尼子氏の居城である月山富田城は1566年毛利氏により開城を余儀なくされた。ここに尼子氏は実質滅亡した。一方、尼子氏再興を願った山中鹿介《しかのすけ》らは、足掛け11年にわたる戦いを毛利元就に挑んだ。しかし孤軍奮闘空しく、夢は露と消えた。

残された尼子氏家臣は生きるための選択を迫られた。箕田頼国から数えて27代目にあたる山中善九郎幸重もその一人であった。１５９１年に安芸国賀茂郡広村に落ちついた。更に時は過ぎ、32代目である山中祐澄の代で家系図は終わっている。同氏の妻が亡くなった年は明和９年（１７７２）と記されていることより、家系図の後半部分はその頃に同氏が追記したものであろう。江戸中期のことである。

山中祐澄は一大決心をした。名を正覚寺と改め、僧侶となる。正覚寺祐玄の誕生である。広村から津江村にある小田山の山頂付近、通称手水鉢あたりに草庵を建立した。やがて明治維新の頃、山を下り、小田山の麓、松原に居を構えた。正覚寺最後の後継者である薫は不幸にして昭和初期二十歳の若さで世を去った。箕田蔵人頼国から数えて38代目である。兵どもが夢みた千年の思いはここに閉じた。

家系図の目的は何であろう。人間は社会的動物である。犬社会のように、とかく序列社会をつくりやすい。このためか、多くの家系図にはある共通項が浮かび上がる。それは、過去に遡ればさかのぼるほど行きつく先は源平藤橘《げんぺいとうきつ》に集約されていく。これでは日本人すべてが血族になりかねない。冗談はさておき、それは権威付けのためかもしれない。あるいは権力者・成功者に肖りたいという願望から派生したものかもしれない。

序列社会を生き抜くための精神安定剤には成り得るかもしれないが、過去を遡りつながりが確認できたとしても今を生きる私という個人の価値が変わるわけではない。それでも今の自分に至るまでの家族の歴史や、先祖の生き方に学び、これからの自分の生きざまに生かすことはできる。それは身近に感じることのできる「血縁」の力かもしれない。

このままでは正覚寺は野ざらしとなりかねない。やがて縁ある人々の記憶からも消え去ってしまう。過去、特に戦国時代に生きた人々は壮大な夢を見た。しかしながら、ほとんどの人たちは野に散った。多くの人たちが追い求めた夢の現場に立ち、その時代を駆け抜けた人々の生きざまを、記録を頼りに空想することも興味をそそる。確かに生きたという先祖の証しを綴っておくことも意味あることに思える。夢半ばにして倒れた無名の人々の生きざまの記録として。千年にも及ぶ正覚寺家系図は、敗者の連続の記録である。この意味において希少な家系図であるかもしれない。

先祖との語らいは五つのパーツで構成される。第1章：平安時代末期から室町時代にかけて、箕田氏を名乗り武蔵国に生きた、箕田蔵人頼国に始まり22代まで続く。舞台は武蔵国足立郡箕田《みた》郷である。第2章：時の将軍足利義尚に戦いを挑まれ、戦いに負けた。武蔵国を追われ美濃国の山中をさまよった。このとき名前を山中に改称し、美濃国鈴鹿山中に住んだ。峠一つ越せば近江国多賀郡に通じるあたりと思われる。第3章：縁あって尼子氏の家臣となり出雲国月山富田城に移り住んだ。しかし尼子氏居城である月山富田城は、宿敵毛利氏に攻められ落城し、そして尼子家は滅亡した。

それでも尼子氏復興をめざす山中鹿介等は執拗な尼子家再興運動を繰り広げたが、孤軍奮闘のなか、ついに再興の夢は消え失せた。第4章：牢人の身となった山中幸重は安芸国の広浦に住みついた。天正19年（1591）のことである。家系図は幸重から6代続いた山中祐澄で途絶えている。

山中祐澄は一大決心をして僧侶となり、安芸国賀茂郡津江村にある小田山山頂付近に草庵を建てた。時代は下り、明治維新の頃小田山山麓にある松原に移り住んだ。第5章：「兵どもが夢」の精神の拠りどころに焦点を当ててみたい。そして先人たちの経験に寄り添い、心に刻むことにより、今を生きる我々の教訓としたい。

それぞれの時代、異なる土地で、どのような思いを抱えて生きたのであろうか。それぞれの時代の背景や先祖が関わってきた人々の概略などを追いながら想起してみたい。

兵《つわもの》どもが千年の夢
正覚寺のルーツを尋ねて

目次

目次

第3章 出雲国月山富田城

『清和天皇四代の後裔《こうえい》　源頼光二男頼国従五位下　箕田蔵人頼国』

【はじめに】

1 古文書：正覚寺家系図

祖母の家の蔵に一通の古文書が眠っている。古文書とは正覚寺家系図のことである。祖母の旧姓は正覚寺。その家系図の冒頭は前述のとおり、〃清和天皇の四代孫源頼光二男箕田蔵人頼国〃で始まる。日本史年表を紐解けば、第56代清和天皇の孫は経基《つねもと》とある。経基は清和天皇からの賜姓《しせい》「源氏」を名乗って清和源氏の祖となった。源経基の孫が源頼光で、頼光の嫡男は頼国である。[1]

祖母の家にある古文書には、源頼光二男頼国と記されており、名を変えて箕田蔵人頼国と名乗った。箕田蔵人頼国の官位は従五位下[2]と記されている。歴史書にでてくる頼国の官位は正四位下[3]。住み着いた地名を苗字にすることは当時では一般的慣わしである。頼国は讃岐守、美濃守を歴任しているが、これらの国に箕田という地名は見当たらない。

2 地名の特定：箕田

「箕田」という場所を特定することで、何らかの手掛かりを得ることができるかもしれない。『新版　角川日本地名大辞典』によると、箕田は〝大和、武蔵に箕田庄見え、又伊勢等にも此の地名存す〟とある。そして〝嵯峨源氏　武蔵國足立郡箕田庄（今箕田村）より起る。〟と続く。武蔵国の箕田は清和源氏流ではないが、源氏ゆかりの場所のようだ。武蔵国足立郡箕田庄は現在の埼玉県鴻巣市に所在した。鴻巣であれば、自宅から1時間半くらいで行ける。

3 東国への旅立ち

まず時空の旅により、11世紀半ばに場面設定することで話を進めたい。

源　蔵人頼国《みなもとのくろうどよりくに》とその家族は住み慣れた京を後にして、東山道を下り、東国の武蔵国を目ざしていた。しかし彼らの表情に暗さ・悲惨さはなく、見知らぬ土地に行くという緊張感はあるものの、どの顔にもそれぞれの思いと希望を胸に秘めた明るさが漂っていた。

7世紀後半に隋・唐の律令の法体系を模倣して作られた律令制の枠組みは、すでに形骸化し、班田の励行は困難を極めていた。このことは中央財政を圧迫したのみならず、中央政府に勤める官司・官人の生活にも大きな影響を及ぼした。そのため、それぞれが独自に経済的基盤を新たにどこかに求めざるを得なくなっていた。

やがて、全国の土地は皇族・貴族・社寺等の領有する荘園と公領（国衙領）とに二分されていったが、中央政治の実権は藤原氏による摂関政治が確立し、地方では、伝統的に地方豪族が占有していた郡司の権力が衰退し、国衙が中央勢力の支配の拠点になっていた。

めざす武蔵国の国府は現在の府中市にあった。しかし源蔵人頼国が目指したのは国衙ではなく、そこから約40㎞離れた郷衙：箕田である。頼国はあるもくろみを胸に描いていた。

注　注釈並びに登場人物素描は、原則として『日本大百科全書（ニッポニカ）』（小学館）から抜粋

1　清和天皇（850―880）、第56代天皇。文徳天皇の第四皇子。876年に第一皇子である9歳の貞明親王（陽成天皇）に譲位し、879年に出家。水尾を隠棲の地と定め、今もその地

（水尾山陵：京都嵯峨）に眠る。

2 従五位下以上の位階を持つものが貴族とされている。四位、五位は中級貴族。

3 公卿《くぎょう》に昇ることを許されない家柄の最高位。

第１章

武蔵国足立郡箕田《みた》郷（現埼玉県鴻巣市箕田）

1 箕田郷

ＪＲ鴻巣駅から10分ぐらい歩くと、鴻巣教育委員会の作った同市歴史案内板に出くわす。箕田《みた》源氏ゆかりの地の看板が目に飛び込む。

〝平安時代も９世紀後半頃になると地方の政治が乱れ始め、武蔵国では群盗がはびこり、治安が悪化してきた。西暦９１９年、前《さき》の武蔵権介《ごんのすけ》の任にあった源仕《みなもとのつこう》は、官物を奪って官舎を焼き払い、国府（国ごとに置かれた役所）を奪う事件を起こした。源仕は昇《のぼる》（嵯峨天皇の孫）の子で、任期終了後も帰京せずに箕田に土着して豪族となり、その子充《みつる》（宛）は箕田源氏の祖と言われている。著名な説話集「今昔物語集」には、箕田に居を構えていた源充と、村岡（熊谷市）に居を構えていた平良文《よしふみ》とが、合戦に及んだことが述べられている。源頼光の四天王として知られている渡辺綱《つな》は充の子にあたる。〟

更にそこから10分ぐらい足を延ばしたところに箕田氷川八幡神社がある。その一角に箕田碑が建っている。そこにも教育委員会の案内板が掲示されている。

〝箕田は武蔵武士発祥の地で、千年ほど前の平安時代に多くのすぐれた武人が住んでこの地方を開発経営した。源経基《つねもと》（六孫王清和源氏）は文武両道に秀で、武蔵介《かい》（次官）として当地方を治め、源氏繁栄の礎を築いた。その館跡は大間の城山にあったと伝えられ、土塁・物見台跡などがみられる（県史跡）。源仕（嵯峨源氏）は箕田に住んだので箕田氏を称し、知勇兼備よく経基を助けて大功があった。その孫綱《つな》（渡辺綱）は頼光四天王の随一として剛勇の誉れが高かった。箕田氏三代（仕・宛・綱）の館跡は満願寺の南側の地と伝えられている（県史跡）。〟

更にそこには箕田氷川八幡神社の案内板も建っている。

〝氷川八幡神社は、明治6年、当時箕田郷内に祀られていた氷川社、八幡社など二十余社のお社を併合して、箕田郷の郷社として八幡社のあった現在地に祀られたものである。氷川社は、承平八年（西暦９３８年）清和天皇の孫である源経基が武蔵の国の国介《くにすけ》になってこの地に赴任して統治した際、大宮の氷川神社に勧請（分けて祀ること）したと伝えられており、中宿地内に祀られた。八幡社は源経基の臣下であった源仕が経基と相談して、天慶四年（西暦９４１年）現在地に京都の石清水八幡宮から勧請したもので、仕の孫の渡辺綱によって神田《しんでん》（八幡田の地名あり）が寄進され再興されたものである。仕は嵯峨天皇のひ孫にあたり、平将門の乱や藤原純友の乱の平定に功績をあげ、武蔵の国の国主に任じられてこの地に住んだものである。綱は、丹波の大江山に住む鬼を退治した逸話で有名な武将である。ともに武勇に優れ、戦いの折はこの八幡社に祈願して武勲をたてた。八幡社は後世、戦いの神様として近隣の崇敬を集めた〟

大宮台地は荒川と元荒川の間に広がる台地であるが、鴻巣市は大宮台地の先端部分にあたると同時に旧足立郡の北端に位置している。このような地の利を得ていたため、鴻巣市界隈は早くから歴史の舞台に登場している。古代武蔵国の中心地として鴻巣が比定されている所以である。正覚寺家系図に登場する源頼光は源経基の孫である。経基はこの地に武蔵国介として実際赴任している。そして頼光の子である頼国がこの地と何らかの関係を有した可能性はありそうだ。

氷川八幡神社（埼玉県鴻巣市箕田）

この画は明治元年に合祀された氷川八幡神社を描いたもの（東京国立博物館蔵）で、明治６年、氷川社・八幡社など二十余社のお社を併合して箕田郷の郷社として八幡社のあった現在地に祀られた。氷川社は938年、源経基が武蔵国の国介になってこの地に赴任した際、大宮の氷川八幡神社から勧請したと伝えられている（鴻巣教育委員会)。

箕田碑

今は氷川八幡神社の一角に建てられている。この地は約千年前の平安時代に多くのすぐれた武人が住んで、この地方を開発経営した。箕田碑はこの歴史を後世に長く伝えようとしたもので、18世紀中葉の作（鴻巣教育委員会）。

この碑の裏には次のような碑文が刻まれている。

初めに渡辺綱の時世
世を経てもわけこし草のゆかりあらば
あとをたづねよ　むさしののはら

2 箕田蔵人頼国《みたくろうどよりくに》

(1) 館跡

目的の探し人「箕田蔵人頼国」の名前はどこにも見出すことはできない。それに箕田蔵人頼国は清和源氏流である。一方、この地で活躍した箕田氏は嵯峨源氏流である。両者の関係性を解明しなければならない。箕田源氏の祖である箕田仕《つこう》は、清和源氏流の源経基《つねもと》が当地に武蔵国介として赴任した際、同氏に仕えている。また箕田仕の孫である綱《つな》は、経基の孫である源頼光に仕え、摂津国渡辺に居住して渡辺姓を名乗った。

箕田源氏は仕―宛―綱と続いたが、綱が摂津国渡辺に移住したとはいえ、なぜか箕田源氏の記録はここで途絶えている。地縁・血縁による一族郎党が集団で自衛・自治を育んでいた当時にしては不可解である。

しかし次のように推測をしてみたい。源頼光は家臣渡辺綱から箕田郷のことは聞き及んでいたと思われる。頼光一族は軍事貴族であり、箕田郷は頼光の祖父経基や父満仲との縁もある地である。箕田郷の魅力を聞き及んだ頼光もしくはその嫡男頼国は一族の誰かを国衙領である箕田の地に派遣したいと思っていた。

源頼光の兄弟である頼信（満仲の三男）も東国には縁が深い。上野、常陸など諸国の受《ず》領《りょう》4を歴任している。そして１０３１年には上総介であった平忠常の反乱を鎮定した。やがて頼信の家系から鎌倉幕府を開いた頼朝や室町幕府創始者足利尊氏などを輩出している。これらを含めて源経基が源氏繁栄の礎を築いたとされる所以である。

当時の武力の優劣は、主として優れた弓矢の術《わざ》と良馬の所有に左右された。武蔵国には当時良馬を生産する牧（牧場）が多く存在した。それが故、武蔵国は京都からも注目されていたに違いない。ましてや軍事貴族一族にとっては、より一層魅力のある場所に映ったであろう。

頼光はたくさんの子供（五男四女そして養子６人）に恵まれた。頼光の嫡男である頼国も男子13人、女子６人の子供がいる。彼らの中から誰かを武蔵国箕田郷に送り込んだ可能性は否定できない。事実、当時においては、中・下級貴族の子弟にとって嫡子以外、安定的な生活を送るには環境がだんだんと厳しくなってきており、子弟の多くは、地方に、特に関東方面に活路を見出していった事例は多い。ともあれ、庶子であろう頼国は箕田の地に住みつき箕田頼国と名乗った。箕田綱にゆかりのある一族郎党は箕田頼国の支配下に次第に吸収されていった。あるいは彼らの多くは綱が摂津国に移住するとき同道したのであろう。

⑵ 摂関：藤原頼通による改革

源頼光は摂関家の藤原道長に仕えている。道長の長男である頼通も１０１７年に摂政に就任し、約50年間にわたり中央の政治を率いている。律令制度の行き詰まり打開策が頼通の最大の懸案事項であった。箕田頼国もこの間の改革事情は父親である頼光から聞き及んでいたと思われる。

藤原頼通（９９２－１０７４）は摂政を父親から引き継ぐと、矢継ぎ早に改革を断行していった。それは中央政府の財政立て直しと摂関家の権力拡大を目論むものであった。すなわち①国司の権力に制限を加えると同時に国衙[5]の権力を増強した。②地方有力者・郡司を国衙運営に参加させた（旧郡司の抱え込み）。③公田官物率法《こうでんかんもつりっぽう》：国司の課税裁量権に制限を加えた。④荘園整理令：国免荘《こくめんそう》[6]の整理。⑤別名制《べつみょうせい》[7]：新たな開発促進。などである。

特に別名制は郡郷制の改編の一環として行われた。例えば、開発領主は郡も郷も通さず、国衙に直接税を納めることができるようになった。また郷にも役人としての郡司が任じられ、郡を通さずに税を納めるようになった。そのため、郡機構は別名や郷と並ぶ徴税単位の一つに過ぎなくなった。

以下、伊藤俊一氏の『荘園』から改革の要旨を要約してみたい。

〃11世紀半ばには在地領主（開発領主）が誕生し、国衙実務の担い手として「所《ところ》」が在庁官人として活躍するようになった。国衙の機構も整理され、主なものは①税所《さいしょ》・調所《ずしょ》：税の徴収・出納等の管理、②田所《たどころ》：田地の帳簿を管理、③健児所《こんでいしょ》：軍事を所管、④厩所《うまやどころ》：馬を管理等である。

自立的な経営が可能となると、国司は代理の目代《もくだい》を派遣するようになる。当の国司本人は京都で生活するようになり、いわゆる遙任制度が蔓延るようになっていく。国司のいない国衙は留守所と称された。

別名制の導入により、公領を開発した有力者に対し、国衙がその土地の管理権・徴税権を与え、郡郷を経由しないで国衙に納税するルートができた。またこの制度は、3年間の官物と雑公事が免除され、その後も雑公事は免除され官物は減免された。その代償として土地の勧農の責務を負った。すなわち、耕地と灌漑用水路を整備し、耕作する農民を集め、農民に耕作地を割り当て、種子や農料を貸与し、田植えと稲刈りで集中的に必要となる労働力の割り振りを調整するなど、農業の整備基盤、農業経営の管理・援助をする責務である。

7世紀後半からの律令制のもと、華やかな貴族文化の犠牲となった公民の住む農村では、階層分化が進み、被弊した弱小農民による庸調の滞納や浮浪人の増加、役民の逃亡などで田地は荒れ、中央財政をも圧迫した。これらの反省から生まれた11世紀半ばからの一連の改革は、結果的に、土地の囲い込み・私有化を促進させ、この中から生まれた在地領主は徐々にその実権を掌握していく。在地領主は12世紀の領域型荘園の成立の当初から荘官として荘園を支えた。当時の国土は荘園公領制と呼ばれているが、その割合は荘園6に対し公領4前後と言われている。〃

⑶　源頼国東国へ

前述の時代背景の中、おそらく庶出の子であろうと思われる「頼国」も、関東方面を目ざした。11世紀半ばのことである。どうせなら地縁のある武蔵国足立郡箕田郷あたりをと思ったに違いない。頼国の祖父である源満仲（９１２−９９７）は武蔵国守を歴任している。祖父の国司[8]在任期間中であれば、遙任[9]が一般化していた時代だから、在庁官人として留守所に拠り、国衙行政に参画できる。役人として働きながら、在地領主としての地位を築こうと当初から目論むことができたであろうにそれは叶わぬことである。在庁官人とはいうものの、下積み生活を余儀なくされたであろう。

しかし定住するにあたっては頼光の次男とした方が、これまでの箕田源氏と箕田郷の関係性からいっても、なにかと好都合である。さすがに長男と称して、この地に赴任したのではつじつまが合わず、はばかられた。それで二男頼国を名乗ったのである。

古文書に記載の頼国の官位は従五位下とある。平安時代半ばから、六位の蔵人に対して長年の勤続をねぎらうものとして、上位の位階を与え、諸国の国司に任命するという慣例が実施されていた。父親や嫡出出身の兄弟の官位は「蔵人」が多い。以上のような推理が成り立つなら、「二男頼国従五位下　箕田蔵人頼国」と記載したのは理解できる。箕田頼国にとって、見ず知らずの土地で生活を始めるには、まずは国の権威にすがりながら、足場を固めていくやり方は理にかなったやり方と言える。

①箕田蔵人頼国の館

箕田源氏三代の館は箕田2号墳の南方に存在していたと言い伝えられている。近年の付近一帯の発掘調査報告書によると、この場所で、方形に巡る構え堀に囲まれた居住地が発掘された。しかし、館は平安時代ではなく鎌倉から室町時代のものと断定された。従って、箕田源氏三代のものではなく、そのゆかりの一族のものか、新たな開拓者のものである、と報告されている。となれば、箕田蔵人頼国がここに居住していた可能性はあながち不定できない。

一方、解き明かすべき大きな問題がある。箕田蔵人頼国が勤務したであろう武蔵国「国衙」は現在の東京都府中市にあった。足立郡箕田郷に住みながら府中「国衙」に勤務することは不可能である。

②平右衛門《へいえもん》遺跡発掘調査

しかし、最近になって次のような事実が判明した。ＪＲ鴻巣駅とＪＲ北鴻巣駅間の線路沿いに位置するあたりに平右衛門遺跡がある。平成31年４月から令和元年９月にかけて、第一次発掘調査が実施された。その結果、この遺跡は古墳時代後期から中世にかけて幅広い時代の遺構・遺物を含む遺跡であることが明らかにされた。現在も調査が継続されているが、目下のところ、令和５年３月末までの予定の由。その後の調査については未定とのこと。ともあれ周辺の箕田古墳群、箕田城跡との関連性を踏まえて、今後更なる調査による新事実が判明することが期待される。

一連の発掘調査は、鴻巣市箕田一帯が、古代から開発され多くの人が住み、継続的に人々を魅了してきた地域であったことへの証しであることは間違いない。国衙の下部組織として、このあたりに郷衙あるいは郡衙が存在した可能性はありうる。もしそうであれば毎日の勤務は可能である。たとえそうでなくても、ここから府中までは大体40㎞である。必要に応じて、馬で移動し、何日間か滞在することは可能である。

⑷ 関連人物素描

ここまでの登場人物の概略を確認しておきたい。

①清和源氏の祖　源《みなもとの》経基《つねもと》（９１６-９６１）

源経基は清和天皇（８５０－８８０）の第六皇子貞純《さだすみ》親王の子で応和元年（９６１）清和源氏姓を賜る。源氏の系統中、後になって最も栄えたのは経基を祖とする清和源氏である。清和源氏流は源頼朝や足利尊氏等を輩出している。経基は太政大臣・藤原忠平の治世下の天慶元年（９３８）、武蔵介として現在の埼玉県鴻巣に赴任した。その居館が鴻巣市大間にある伝源経基館跡に比定されている。

着任早々（９３８年）、武蔵権守《ごんのかみ》興代王《おきよおう》とその介《かい》（次官）である経基は、足立郡司である武蔵武芝《むさしたけしば》との間で争乱を起こしている。この事件は後の平将門の乱の契機になったものだが、平将門の乱は天慶3年（９４０）に将門が討伐されて終了した。この時、経基は将門追討の征討副将軍に任じられている。

官位は正四位。信濃・伊予・武蔵などの守、上野介《こうずけのすけ》、左衛門佐《さえもんのすけ》、大宰大弐《だざいのだいに》、鎮守府将軍などを歴任。

この時代を前後して荘園制度は新たな体制に移行し始めている。在地領主の勢力が拡大し、関東武士誕生の素地を形成しつつあった。武蔵国は分国であるが、この分国制度のもとでは、本来は行政区域であった国を、院（上皇、女院など）、宮（中宮、東宮など）に賜り、国を賜った国主（院・宮）が国司を推挙して正税官物《しょうぜいかんもつ》を徴収させた。例えば源頼朝が持っていた関東御分国が一例である。

②源満仲（912−997）
清和源氏・六孫王経基の嫡男で多田源氏の祖。官位：正四位下、左馬頭、鎮守府将軍、上総介、常陸介、武蔵守、摂津守、越後守、越前守、下野守、美濃守、信濃守、伊予守、陸奥守、贈正一位。

源氏が「朝家の爪牙」[10]として君臨できたのは満仲の働きが大きい。藤原摂関家に仕えて、諸国の受領を歴任、鎮守府将軍に至る。二度も摂津国の国司を務め、その地に土着した。長男は頼光、特に三男の頼信の家系からは頼朝など多くの武将を輩出している。

③源頼光（948－1021）

源満仲の長男で清和源氏の3代目。満仲が初めて武士団を形成した摂津国多田の地を相続し、その子孫は摂津源氏と呼ばれる。同時代の中級貴族と同じく二十歳前後で出仕し、満仲と同じく摂関政治を行っていた藤原氏に臣従して官職を得て財力を蓄えていった。

官位は正四位下。備前守、美濃守、但馬守、伊予守、摂津守などを歴任。また但馬国、伊予国、摂津国の受領を歴任し、富を蓄えた。藤原道長の側近として、道長の権勢の発展につれて、武門[11]の名将「朝家の守護」と呼ばれるようになる。同じく摂関家に仕え武勇に優れた弟の頼信と共に後の清和源氏の興隆の礎を築いた。

④源頼国（？－1058）

父親である頼光同様、京における中級官人。藤原道長の娘である上東門院彰子、その子である皇子敦成親王（後一条天皇）に長きにわたって近侍した。武人としてよりも文人としての活動が知られている。

官位は正四位下、蔵人、讃岐守、美濃守などを歴任。

⑤源頼信（968－1048）
源満仲の三男。治部権少輔《ちぶごんのしょうふ》、佐馬権守《さまごんのかみ》など京官を歴任するほか伊勢、陸奥、美濃、石見、上野、常陸など諸国の受領を歴任し、鎮守府将軍になる。京都では兄の頼光同様に摂関家に仕え、とくに藤原道長の覚えをよくした。河内源氏の祖。

⑥藤原道長（966－1027）
藤原氏全盛期の頂点に立った人物。藤原兼家（関白・太政大臣）の五男に生まれた道長は、991年26歳の若さで権大納言に任じられたが、兄に道隆、道綱、道兼がおり、彼自身はさほど栄華を極めるに至るとは考えていなかった。ところが兄たちは疫病などで次々と倒れたため、図らずも内覧の宣旨を被り、995年右大臣に任じられ政権の座に就いた。娘を皇室に嫁がせるなどして道長は三后の父となり権力の絶頂に達した。

⑦藤原頼通（992－1074）
藤原道長の嫡男。父親の摂政の後を譲り受けて、1017年に摂政になった。1019年関白、21年左大臣に就任。後一条、後朱雀、後冷泉天皇の3代にわたり摂関を務める。1072年出家するまで約50年ものあいだ政治の中枢にあった。

3 時代の変遷と箕田家系図

世の中は激しく動いていった。清和源氏流の主流は頼光の弟である頼信の家系へと移っていく。すなわち頼信―頼義―義家―為義―義朝等へと続き、源頼朝の出現に至る。関東武士の出現により、歴史の舞台は関東に移る。やがて頼朝の鎌倉幕府は北条氏へと実権が推移、そして足利氏の室町幕府へと時代は流れていく。

(1) 箕田家・家系図

家系図を見る限り、箕田蔵人頼国に始まる箕田家は、第21代箕田常陸介親益まで約400年の間、大きな事件に巻き込まれることなく、箕田郷で暮らしたものと考えられる。鎌倉幕府の成立、室町幕府の成立と鎌倉府の設置、南北朝内乱、応仁の乱と世の中は激変したにも拘らず、時代の激流に巻き込まれず、世の中の仕組みをうまく活用しながら、順調に箕田家の領地を広げていった。

正覚寺ルーツ千年の歩みにおいて、最も輝いた時代かもしれない。「兵どもが夢」をひたすら追い求めていった。すなわち中世においては、土地は生活の基盤であり最大の生産基盤であった。富と権力の源泉であった。別の表現をするならば、11世紀後半から16世紀末の太閤検地までの時期は、荘園公領制における確立・展開期そして動揺・解体期にあたる。この時期に箕田家がある程度の自由・自立・自治のなか、在地領主として活躍ができたことは幸いであった。

1　箕田蔵人頼国
2　箕田太郎斬国
3　箕田太良左衛門斬信
4　箕田権之助頼斬
5　箕田左衛門頭頼顕
6　箕田権四郎頼通
7　箕田左衛門頭俊通
8　箕田加賀介国俊
9　箕田或部少輔国宗
10　箕田主税介宗賢
11　箕田上野介賢秀

12　房谷国太郎秀倶
13　箕田太郎兵衛繁国
14　箕田五良兵衛信繁
15　箕田主膳兵衛實国
16　箕田寅千代實形
17　箕田兵部太輔政形
18　箕田新宮太郎頼形
19　新宮又太郎形盛
20　箕田蔵人益盛
21　箕田常陸介親益
22　箕田武蔵権頭貞世

この物語を始める箕田蔵人頼国は、源頼光の嫡男頼国とほぼ同じ時代に生存したであろうから、22代目の箕田武蔵権頭貞世の時代になるまでに、概ね４００年の歳月が流れたことになる。家督を継ぎ、次の継承者に家督を譲るまでの期間を約20年と想定すれば、21代×20年＝４２０年となる。第22代貞世がある事件に巻き込まれたと思われる年代に照らし合わせてみれば、つじつまの合う記載である。

この間の代々の名前に改めて注目してみたい。当時の名前の構成は大雑把に言って、三つの部位で成り立っていた。すなわち苗字（家名）、姓《かばね》（称号）、諱《いみな》（実名）である。姓の部位に注目してみると、蔵人、左衛門[12]、主税、主膳[13]、兵部[14]などが確認できる。これらからも箕田蔵人頼国の子孫は代々在庁官人として国衙・郡衙のようなところで働きながら、在地領主（武士）の地位を築いていったと思われる。

ところで、この約４００年の間、武蔵国を取り巻く状況はどのように移り変わっていったのであろうか。箕田蔵人頼国の生きた時代の武蔵国の概要を記してみたい。箕田家はそれぞれの時代の変化に巧みに適応していったに違いない。

⑵ 武蔵国を取り巻く歴史的変遷

①武蔵の起源

本居宣長は『古事記伝』（１７６４年）で次のように武蔵の起源を述べている。〝武蔵国は駿河・相模と共に左《さ》斯《し》国と呼ばれ、後に左斯上、下左斯に分かれ、これが転嫁し相模・

武蔵となった。〃しかし定説はなく、6世紀に埼玉県行田市を本拠とする笠原直使主《かさはらのあたいおみ》が武蔵国造の乱[15]に勝利し、その後に笠原直が世襲するようになり、これらの国造の領域を合し7世紀に武蔵国が成立したとされる。武蔵国は当初は東山道に属した。東山道は畿内から上毛野国《かみつけの》（群馬県）を経て陸奥国へ至る幹線道をも意味する。しかし国府の府中はこの幹線から離れているため、武蔵国をほぼ縦断する東山道武蔵路が設けられた。

②東国への道

京から東国への主要街道は3道あった。東山道、東海道、北陸道である。東山道は五畿から近江・美濃・信濃・上野・下野と続き、下野で分岐し、一本は出羽・秋田城へ、もう一本は陸奥・胆沢城に連なる。征夷の道として伸張され約1400km。東海道は五畿から伊勢・尾張へ……相模・下総・常陸と連なる。約1000km。常陸は藤原氏（中臣氏）が開拓管理していた拠点である。鹿島神宮は中臣氏の氏神。北陸道は五畿から越前・加賀・越中へと続き、対北蝦夷の最前線である越後・佐渡へと連なる。東山道の武蔵国から近江国間は約620km。当時、東国の中心地は武蔵国の府中周辺にあったが、箕田界隈も交通の要所の一角を成していたであろう。

③牧

延長５年（９２７）の『延喜式』によると、官営による四つの勅旨「牧」[16]が置かれた。それぞれの牧は朝廷に毎年50頭の良馬を納めていた。その後も勅旨牧は増設されていった。京都から軍事貴族が派遣され、在庁官人が実務を担った。このように、武蔵国は中央にとって東国の重要拠点であった。鴻巣市一帯が歴史の舞台に登場した背景を垣間見ることができる。

『鴻巣市史　通史編Ⅰ』は次のように記している。〝１３９５年（応永二年）、足利義満は前関東管領の上杉憲方跡の所領をその子憲定に安堵した。その中には馬室郷が含まれていた。馬室郷は荒川左岸に位置する鴻巣市滝馬室及び原馬室あたり一帯の地域に比定されている。〟馬に関連した地名が現在でも多く残っており、牧が経営されていた地域の一部と推定できる。馬室郷の隣が箕田郷である。なぜ箕田頼国とその子孫が箕田郷あたりに住み着いたのか、その理由の一端をうかがい知る思いがする。

⑶　荘園公領制の確立・展開と動揺・解体

源頼国（箕田頼国）が箕田で活動を始めたのは11世紀中葉の頃であろうから、荘園公領制の確立期の頃である。いわゆる在地領主（開発領主）の誕生期に当たる。東国では畿内や西国に比べ後発地であったから開発の波を捉えることは十分可能であった。

荘園公領制の確立から解体に至る過程の分析は永原慶二氏の「荘園」『日本大百科全書(ニッポニカ)』及び黒川直則氏の「守護領国制と荘園体制」『戦国大名論集(六)』に詳しい。以下、両氏の論旨に沿いながら記述してみたい。

当時、京から遠方にあるが故、東国は官人性と在地性がきわめて漠然とした社会であった。そのため東国社会は国家公権の助けを利用しつつ、豪族的領主のもとに収斂する契機をはらんでいた。

また、当時の土地所有形態の特殊性を理解する必要がある。すなわち識の体系である。一つの荘園に支配権は、「本家[17]—領家[18]—下司[19]」という重層的所有構造を持っていた。この職権と得分を伴うそれぞれを「識」といい、加えて識は単なる所有権のみならず身分的対応にも呼応している。すなわち、それぞれの所有者はその所識に応じた職務権限を有していた。このため利害関係が複雑に絡み合い、複雑な争いやいざこざが発生し、中世独特の時代背景を生み出した。

①荘園公領制の確立・展開

開発領主の中には地方へ国司として下向して土着した下級貴族も多くいた。特に東国では武士身分の下級貴族が、多数、開発領主として土着化し、所領の争いを武力により解決することが少なくなかった。やがて武士団を形成し結束を固めていくのである。国人衆《こくじん》[20]の出現となる。箕田頼国とその子孫もこの例にもれず、在庁官人として勤務する傍ら、自らの私領地を拡大させていった。

11世紀から12世紀にかけて全国的に展開した「寄進地系荘園」は、地方豪族が、国司の干渉を避けるため、開発私領と公領の分割分を中央貴族・寺社に寄進することにより、荘園化するものであり、不輸租・不入権を持つものが多かった。公領を郷、保という単位に分割し、地方豪族たちはそれぞれ郷司、保使として現地に入り込む。鎌倉期になると政治機構の変更に便乗し、守護・地頭として、荘園の全面的支配権を掌握するようになる。守護は国衙機能・機構そのものを自らの機構として吸収していった。いわゆる公領の守護領化が促進された。

②荘園公領の動揺と解体

鎌倉幕府が成立すると、荘園の寄進の動きは見られなくなった。在地豪族層は幕府の御家人になることにより、武家権力により国司の収公圧力を排除できたからである。新政権は守護・地頭の新設を朝廷に勅使させ、地方統治の基礎とした。特に、元来中央政府の統治力の浸透が弱かった東国では、荘園領主はその支配を地頭に請け負わせ、地頭が荘園支配の実権を完全に掌握してしまう場合が多かった（永原慶二氏）。このようにして荘園公領の実権は国司から守護[21]・地頭に移っていった。特に、1221年の承久の乱により、後鳥羽上皇らは政治舞台から排除され、上皇方の所領3千余箇所は没収された。没収された所領地には鎌倉御家人が地頭として移住した。これにより武家政権の確立に向けて、より確かな一歩を踏み出した。

更に、南北朝内乱を経て室町時代になると、守護は守護大名への道を進み、地頭は年貢滞納や下地横領などにより荘園侵略を繰り返した。しかも従来から各地に隣接する荘郷の請所《うけどころ》権を獲得し、地域的にまとまりのある領域支配体制を形成し始めた。このような在地領主を国人領主（国人）と呼んだ。

武力組織の欠如や地方性の欠落といった弱点をもつ荘園領主にとって、官物を確実に手に入れるためには、国人層などに頼るしかなかった。一方、守護は荘園や国衙領を外的にしか支配できなかった。国人層は武力を拡充しながら、一方では守護から権威を安堵される形で結びつき、領内での支配を強化していった。

荘園領主にとっても、国人衆と代官職を契約することにより、所領侵略と守護課役の排除を期待し、一定の年貢確保を期待することができたという事情がある。この関係はやがて国人衆の勢力拡大の素地を作っていった。

荘園支配構造の上に、国人層や守護は守護領主制・国人領主制の基礎を作り、強化していった。荘園制度は弱体化・崩壊へと向かっていった。国衙領も実質的に守護領主が支配する状況が生まれつつあった。すなわち荘園同様の運命をたどっていった（黒川直則氏）。

⑷　地頭の出現

土地管理のために現地に配置した地頭[22]の役割をもう少し詳しく見てみよう。庄田を請所とし、独自の領地である屋敷地・堀内を耕作しながら庄田内の農民を支配する。しかし、村落共同体の中心に位置しながら、直営田や庄田及び新開発田のみならず、畠地・在家・屋敷地から炭釜に至るまで掌握することは荘園体制の範疇外である。また特に東国においては、生産の主要部分が畠作であったことは地頭にとっては好都合であった。それらを利用した農民支配により、財を蓄えて、次第に在地領主として力を蓄えていく（段木一行氏）。

①平家の時代

平安末期の複雑な領事関係の下で、頻発する紛争を武力で解決する条件を備えた特殊な在地領主として現れたのが地頭である。12世紀前半頃、荘園や公領での紛争を武力で収拾、またその他の職務を担う役人に組織されていった。

②鎌倉の時代

「文治の勅許[23]」によって、守護・地頭が国家的制度に組み込まれ、幕府が国ごとに統括するため、彼らを通して、軍事・検察・収取の職権を持つ地頭を組織する体制を作り出した。

③室町の時代

地頭の勢力拡大を恐れた室町幕府は地頭を地方行政の末端の役人として組織しない方針を打ち出した。しかし平安末期以来の実態上の武力領主としての性格はますます強力になっていった。南北朝の内乱が始まると、半済制度[24]を近江・美濃・尾張の3カ国に限り認めたが、翌年には８カ国に拡大した。応仁・文明の乱を通じて、東西両軍は広範に半済を実施した。半済地の給与管理権を握る守護は、この制度をてことして恩賞地的給与を行い、荘園を解体に導くとともに守護大名領国体制を推進していった。

地頭・国人による在地支配構造を見ておきたい。荘園領主と国人層の間に代官請けが成立すると、国人層は、在地の実質支配権を獲得し、自ら在地に入り込むか、あるいは下級荘官を支配下に置き、年貢徴収をさせた。下級荘官には三職（公文、惣追補使、田所）が登用され、彼らは勧農的役割をも担っていた。この体制を堅持するためには武力的背景が必要不可欠であった。そのためには守護と結びつく必要があった。国人層は自前の家臣団を組織するとともに、守護大名の被官として存在した（黒川直則氏）。

ところで、室町幕府が京都に開幕したのは、貨幣経済の発達が背景にある。幕府は直轄領を持ち将軍の直臣たちが管理していたが、これのみが主たる財源ではない。むしろ京都市中の商工業者などからの各種段銭を多く見込んだからである。一方、京に住むことにより支配者の中央貴族化を促進してしまった。

⑸ 武士団の形成

①武士誕生の背景

武士団は東国に発生した。鴻巣市教育委員会のコメントにあるように、鴻巣一体あたりをその源とする説がある。それは平将門に由来したものであろうか。

ともかく10世紀から11世紀にかけて、東国を中心として誕生した。無秩序な地方で生き残るために、取れるところから徹底的に租税徴収を行い、自分でも土地を開発して地主になる。そして自分の土地を守るために武装化する。

国司の子孫が在庁官人として国衙に入り込み、国衙を共通の収取機構としながら、広大な私営田経営を進めた。その結果、彼らは荘園領主に転身し、その武力によって自己の所領の保護拡大に努めていった。彼らの間で統廃合が繰り返され、やがて武士団を形成するに至る。当時の東国地方に見られた共通した現象であった。

②武士団の定義

安田元久氏の武士団の定義を引用しておきたい。〝武士団とは在地領主層の同族的結合を中核とする一個の戦闘的権力組織である。武士とは武士団を組織するところの構成員すなわち在地領主であり、その中にはいくつかの階層が含まれている。それらは①田堵・名主的な地主層　②開発領主的な領主層　③豪族的領主層、である。武士階級の中核となるものは②であるが、彼らの多くは中央貴族に系譜を引き地方に国司として赴いたものの子孫が多く、現地に土着して地方豪族化していった。〃（『岩波講座　日本歴史　古代４』）

③旧利根川以西の武士団の特徴

利根川をはさむ東と西では、規模の点で大きな相違がみられる。東側では千葉氏や足利氏などが大武士団を形成したが、西側では中小武士団が典型であった。例えば武蔵七党[25]が好例であるが、もっと小規模な武士団が群居していた。武蔵国足立郡箕田郷あたりもその例にもれなかったものと思われる。

中小武士団の系譜は田堵的地主層が農業から分離したものが多い。国衙や私営田領主などの支配に抵抗し、支配下の農民を抑えて領主化を推し進め、武士化し、やがて武士団を形成した。このような支配の実現を可能にしたのは、①貴族としての権威、②律令国家機構を背景とする権利力、③漸次蓄積されていく富力等であり、これらを背景として、武力で領地を守り、農民を支配し従属関係を作り出していった。箕田郷あたりを活動拠点にした箕田氏も東国武士団の一角を形成していたに相違ない。

しかしどのような支配形態であれ、統治する者・される者の間にある種の信頼関係が成立していなければ、共同体としての組織力は危うい。

注

4 受領：任国に行って実地に政務をとる国司の最上席。通例は守、ときには権守・介などの場合もある。

5 国衙：本来は国府の政庁を中心とした官衙群をさす。転じて国司・在庁官人らの勤務する機関を総称する

6 国免荘：国司の免判で租税官物や臨時雑役などが免除された荘園。

7 別名制：別府・別府名ともいう。国衙が旧来の徴税領域である群・郷のほかに特別の付宣をもって成立させた特別区域。

8 国司：国司には次の四等官がある：守（長官）、介（次官）、掾《じょう》（判官）、目（主典）。

9 遙任：国司に任命されても、実際に赴任することを免除され、京にいて収入だけは得た。

10 爪牙《そうが》：動物が武器とするつめときば。家業として朝廷の「武」を請け負う。

11 藤原道長の主催した競馬などに参加しているなど、朝廷の儀礼や典礼関係の年中行事にも記録

がみられる。永延2年（988）には関白の藤原兼家が新築を造営した宴においては馬30頭を送っているなど、余念がない。世の常は昔も今も変わりないのか。

12　左衛門：皇居諸門の警護・出入りの許可、行幸の供奉などをつかさどる役所。

13　主膳：天子の食事をつかさどる。

14　兵部：軍政、特に武官の人事及び訓練・兵馬・兵器などに関することをつかさどる。

15　武蔵国造の乱：534年、武蔵国地方で起きた反乱。武蔵国造笠原直使主と同族の笠原直小杵とが国造の地位をめぐって対立したが、やがて東国の有力豪族上毛野《かみつけぬ》君《のきみ》と大和政権との争いに発展した。使主側が勝利し国造の地位に就いた。代償として橘花など4カ所を屯倉として朝廷に献上した。この時期においては大和政権支配と地方豪族支配が拮抗していたと思われる。武蔵国造の本拠地は武蔵国埼玉郡笠原郷（現埼玉県行田市埼玉）に比定されている。

16　牧：馬の牧場の意。当時、最大の産地は奥州であるが、信濃国、上野国、武蔵国も有名。関東における武士の発生は馬の生産地を背景にして生まれた。

17　本家：領主・領家の上に位置する寺社や権門勢家など、その荘園の名義上の所有者。

18　領家：領家は荘園から一定の経済的得分《とくぶん》を得、代替として、荘園の不輸・不入権を確保し外部からの侵略を阻止する義務を持つ。

19　下司《げし》：荘園の現地で荘務を執行する者。

20　国人衆（国人層）：南北朝・室町期の地方豪族。本来国衙領の有力名主をさす用語であるが、南北朝以降、守護代・郡代などの守護内衆に対して、在地生え抜きの土豪をさす語として用いられた。本質的には在地領主であり、本貫地の地名を苗字に名のる者が多い。

21　守護：国別に置かれた守護は、事実上国司の機能を逐次吸収していき、国支配の実権を掌握していった。

22　地頭：開発在地領主あるいは在地領主。鎌倉幕府の末端所識。室町時代には、伝統的な開発領主の系譜を意味しつつ、検察力を背景として在地を支配した。同時代、公の名称としては廃止されたが、大名の軍役衆に連なる領主は依然として各地で地頭と呼ばれ続けた。

23　文治の勅許：文治元年（１１８５）、朝廷より源頼朝に対し、与えられた諸国の守護・地頭職の設置・任免を許可した勅旨。

24　半済制度：室町幕府が南北朝内乱に際して、特定の国に対して守護を通じて荘園年貢の半分を、その配下の武士の兵糧料や恩賞として1年に限って給与した制度。

25　武蔵七党（丹治、私市、児玉、猪俣、日奉、横山、横山）：平安時代末期から室町幕府初期に武蔵国を中心に分布していた中小武士団。

第2章　美濃国山中《さんちゅう》彷徨

『足利将軍義尚令に背き　義尚怒り　而して同国箕輪城主設楽甚三郎秀重の総勢二万余兵を差し向け　箕田城を攻撃　籠城し防戦に努めるも　多勢の前に防ぎきれず数代所領を放棄し　濃州山中に住む　これより姓を山中に改める』

ここの記述は多くの疑問点を呈する。まず、①箕田貞世はどうして将軍義尚《よしひさ》を怒らせたのか。次に、②武蔵国は室町殿ではなく鎌倉殿の支配下にあるにも拘らず、なぜ将軍側近の家臣たる設楽《したら》氏に箕田城攻めを命じたのか。武蔵国の守護は関東管領たる上杉家である。守護の管轄下にある武蔵国の国人衆を動員すればすむ問題である。そして、③一介の国人にすぎない箕田貞世を成敗するために、なぜ室町殿が直々に動いたのか。④そもそも箕田貞世とはどのような人物像であろうか。⑤箕田城はどこにあったのか。

南北朝内乱・応仁の乱の混乱は畿内のみならず各地に飛び火した。仁義なき戦いや下克上など乱世の時代の到来である。東国とて例外ではない。時代背景や関東特有の問題等を加味しながら、これら疑問点に迫ってみたい。

1 箕田城籠城戦

時は、室町幕府・第9代将軍足利義尚（1465－1489）の時代。1467年には応仁の乱が勃発している。この乱は10年間にわたり続き、京の都は荒れ、下克上・群雄割拠など世は乱れ、そのため農民の疲弊は甚だしく各地で一揆が繰り返された。

このような世相の中、清和源氏流箕田家第22代の箕田武蔵権頭貞世は、箕田家最大の危機に直面していた。正覚寺家系図には次のように記載されている。〝箕田蔵人から22代目箕田武蔵権頭貞世は、足利将軍義尚の命令に背き、将軍義尚の怒りを買い、箕輪城主設楽甚三郎秀重に攻められ敗走した。〟

義尚の存命中の事件であろうから、1465年から1489年間のことである。義尚の命を受けた設楽秀重は2万余りの兵を動員し箕田城を攻略した。これにより貞世は籠城して戦うが、ついには城を捨て、美濃国山中まで逃げ延びた、と家系図は記している。そして姓を山中に改姓した。美濃国の山の中を彷徨したから「山中」という名に改名したとある。まず箕田城籠城戦までの登場人物の素描の推測から始めてみたい。

(1) 箕田武蔵権頭貞世（山中貞世）

自らの名前を箕田武蔵権頭貞世と名乗っている。『日本国語大辞典』によれば、権頭（＝権守）とは「ごんのかみ」と読み、令制の四等官制の長官《かみ》の権官《ごんかん》とある。権官とは正員以外に権《かり》に任ずる官のことである。正官の次位、次官《すけ》の上位。国司の権守の場合には実際に国守を補佐するものと、単に名目上のものとがあった。

すでに国司に代わって守護が実権を握っていた時代である。しかしながら、国政上の国司の名称は、中世の荘園制解体後も一種の称号として、明治維新まで存続したとのこと。室町時代においても「識《しき》[26]の体系」すなわち本家・領家・下司《げし》（預所《あずかりどころ》）という体系のなかで、在庁官人として何らかの役職を担っていた箕田家は、時代の変遷の影響を受けながら、在地領主、地頭そして国人へと勢力を伸ばしていった。

規模は分からないがそれ相応の武士を束ねて武士団を形成していたと思われる。『岩波講座　日本歴史　中世3』（98頁）には次のような記述がある。〝武蔵守護はふたたび山内上杉氏に与えられた。山内家の能憲・憲春・憲方は、高坂・古尾谷・玉井・成田・加治・矢野・**三田**・土屋・渋谷および大石などの在地武士を守護の使節として、国内の各地に派遣し、鎌倉公方の命令を遵行せしめ、戦いに動員した。……武蔵国内の闕所地[27]の処分権は、鎌倉公方が掌握していたと思われるが、その実行は、もっぱら守護及び守護代としての在地武士の司るところであった。〟（＊太字は引用者）この中に登場する「三田」は「箕田」の可能性はないだろうか。もしくは彼らに相応する武士団を率いていたものと思われる。

(2) 足利義尚（1465－1489）

室町幕府9代将軍で在職期間は1473年から1489年。応仁の乱中に幼少のまま就位したが、その治世の前半には、生母日野富子、外戚日野勝光、大御所足利義政らが実権を握り、傀儡政権的存在であった。

1483年、義政が東山山荘に隠居してようやく幕府を掌握した。1487年には寺社本所領回復を名目として六角《ろっかく》[28]征伐を起こし、近江鈎《まがり》に幕府軍を置いた。しかしこの挙は荘園回復に名を借りた将軍親裁権強化策であったため、管領細川政元と対立、自身も深酒と荒淫のため、１４８９年に近江で病死した。[29]

父親である義政の優柔不断な態度は、義尚にとって反面教師として映った。この事例から分かるように、ほころびかけている室町幕府の再建を意に強く持っていた。しかしながら、深酒と荒淫のため落命したとのうわさは、正義感が強く血気盛んであるが、短気で意志薄弱な性格の持ち主であったように見受けられる。

将軍の権威を取り戻すための強い意思表示として、また世間への見せしめとして、地方の一介の国人領主を成敗しようとしたのであろうか。あるいは取り巻き連中の情報をそっくりそのまま信じ、行動を起こしたのであろうか。

(3) 設楽甚三郎秀重

正覚寺家系図には設楽甚三郎秀重は同国箕輪城主として登場している。同国とは武蔵国と思われるが、それでは、その城（あるいは館）はどこに所在したのであろう。また、この人物の素性も不詳である。そもそも設楽氏は三河国設楽郡設楽郷（現愛知県新城市）が発祥とされている。鎌倉時代初期に一族の体制を固め、三河国の在庁官人として勢力を伸ばし、この地に古くより土着していたと言われている。足利氏の根本被官で、足利将軍側近の番衆を務めた家柄である。設楽氏が箕田貞世追討の命令を将軍義尚から受けた可能性は否定できない。

『新編武蔵風土記稿』に、三河国設楽郡の設楽神三郎某（甚三郎？）の子孫が、後北条氏に仕えて、のちに武蔵国多摩郡下恩方村（現東京都八王子市）に住み着いたことが記されている（フリー百科事典　ウィキペディア）。しかも設楽氏の館跡が発掘されている。しかしいつごろのものなのか定かでない。この場所からだと箕田郷まで距離的には近いが、この館の勢力で2万余りの兵を調達できたとは思えない。第一、兵站の問題がある。しかも時代的にもつじつまが合わない。

やはり三河国から出兵した設楽某によって、箕田の城は攻撃されたのであろうか。ともかく、事実は、箕田城が焦土と化したことである。当時の習慣として、敗北した側の建物は焼き払われていた。今日現在、資料がない一因であろう。

(4) 箕輪城

「箕輪城」は上野国（現群馬県）にも存在した。築城年代は定かでないが、１５０５年初頭頃、長野業尚によって築かれたとされている。従って、この城は該当しない。

武蔵国に三輪城（沢山城）があった。現在の東京都町田市である。三輪の地名由来は元応年間（１３１９～１３２１年）に大和国の三輪から斎藤氏、矢部氏、荻野氏が移住したことに始まる。三輪は箕輪と読み替えることはできそうだし距離的にも年代的にも近い。しかし設楽氏との関係性に説明がつかないし、２万余りの兵を動員できるとも思えない。本郷和人氏によると、下野の小山氏・相模の三浦氏・下総千葉氏など大武士団ですら、動員できる兵はせいぜい２００～３００人程度と指摘している。

2 仁義なき東国の世相

幕府の根幹をも脅かす原動力となった「応仁の乱」を振り返ることにより、かつ当時の関東特有の政治情勢から、箕田城攻撃の背景を探ってみたい。

(1) 応仁の乱と社会風潮

室町幕府後期の1467年から1477年まで、足掛け11年に及ぶ戦乱である。諸国の大名が東西両軍に分属し、京都を主戦場として戦った大乱であるが、この影響は地方諸国にも及んだ。すなわち下克上の風潮が助長され、やがて戦国時代の幕を開けることになる。

室町幕府は守護大名を京都に住まわせ（守護在京制）、将軍をリーダーとした大名連合による合意形成を基本としていた。南北朝内乱が落ち着いてくると、幕府は地方で戦っていた守護大名に原則的に在京を義務付けた。監視・統制の意味合いを兼ねていたのであろう。

動乱の長期化に伴い、各地域に根差した分国出身の家臣への権力移行、守護代・国人の躍進がみられるようになっていた。このため応仁の乱後は、ほとんどの守護大名は分国に帰っていく。これは大名による分国支配を保証する制度である幕府による守護職補任に代わって、大名の実力そのもので分国支配することを意味する。新たな時代に向かっての幕が開かれたのである。

以下は呉座勇一氏『応仁の乱』での指摘である。〝応仁の乱が長期化・大規模化すると、両軍とも郷村の武力の取り込みに躍起となった。幕府が郷村の指導者層に直接命令を下すようになるのは応仁の乱からで、体制の中で郷村の政治的地位が高まったことを如実に示している。しかし一方的・強圧的命令だけでは郷村は動かない。……半税給付という報酬をちらつかせて、郷村の武力を動員するという方法は応仁の乱を通じて広く普及し、終戦後も畿内で戦乱が勃発するたびに半税による軍事動員が行われた。〟

経済構造の中核に直轄領支配を置き、権力の根幹に守護・地頭と将軍との関係を念頭に室町幕府は成り立っていた。しかしこの時代、農業生産性は向上し、農民や地頭、そして国人の経済的・社会的地位は向上していた。一方、長引く戦乱の混乱は社会的モラルの変質を助長させ、下克上や一揆の風潮は日本各地に蔓延るようになる。

①土一揆

15～16世紀にかけて展開された地侍・農民による支配階級に対する闘争の一形態。鎌倉末期以降、畿内やその周辺地域で、しだいに形成されてきた村落の自治的組織（惣結合）を基盤として、南北朝時代になると、年貢・公事の減免、非法代官の改替、用水の管理費の給付などを要求するため、逃散・強訴、庄家の一揆などの闘争が展開された。個別の荘園村落が主体となり、その領主に闘争が向けられていたが、15世紀に入ると、郷村間の広範な連合による武力蜂起がみられるようになってくる（『日本大百科全書（ニッポニカ）』）。

土一揆の矛先を治めるため、幕府は頻繁に徳政令を出さざるを得ない状況に追い込まれた。債権者にとってはたまったものではない。一方的な借金棒引き措置である。そこで債権者側は徳政文言[30]を付け加えた契約をするようになる。徳政文言は無効なる旨、幕府がお触れを出しても、これら沙汰を無視し続ければ、やはり将軍の面子は丸つぶれである。あるいは在地徳政文言を付与した契約も蔓延るようになる。箕田貞世はこれらに関連して幕府に抗したのであろうか。

②国人一揆

14世紀後半から15世紀にかけて形成された国人領主の階級的結集集団である。南北朝の内乱を経過する中で、在野領主層は悪党[31]状況を止揚して国人領主制を展開した。室町幕府・守護・荘園領主の興亡に大きくかかわるほどになった。守護などの上級権力と対峙し、かつ領内の土地と民衆の支配を貫徹するには、強力な軍事力を養い、国人相互間の階級的結束が必要であった（佐藤和彦氏）。

関東地方においては、豪族を支えたものは一揆と呼ばれる国人衆である。いまだ発展途上にある関東の在地領主制は、自立の度合いが弱かったからこそ、同族的に、地域的に、一揆という集団を形成した。これにより自己防衛手段としたのみならず、荘園体制を否定して自己の領主制を確立しつつある在地武士らの荘園押領、年貢拒否などに発展していった。武蔵国守護上杉氏も、過去において、このようなふるまいを黙認せざるを得ない局面を経験している。

箕田貞世が将軍義尚を怒らせた次のような要因も考えられる。すなわち室町殿と鎌倉殿との対立構造、そこに関東管領が加わった三つ巴の争いに端を発する争いに巻き込まれた可能性である。

⑵ 鎌倉公方と関東管領の対立

世の乱れは京の都だけに限ったものではない。室町幕府が重要視していた関東でも同様であった。幕府は鎌倉に鎌倉府を開設し、鎌倉公方（鎌倉府の長官）として足利尊氏の四男である足利基氏の子孫が世襲していく。目的は関東8カ国（武蔵・相模・安房・上総・下総・常陸・上野・下野）と伊豆、甲斐をつつがなく統治するためである。そして鎌倉公方を補佐するため、関東管領（執事）が設置され、任免権等は将軍が握っていたが、実際は上杉家が世襲していく。

ところが、時代の経過とともに、室町幕府と鎌倉府は対立するようになる。鎌倉府を補佐する役割の管領も上司たる鎌倉公方と対立するようになる。１４３８年には鎌倉公方の足利持氏と関東管領の上杉憲実の対立に端を発して、６代将軍足利義教が持氏討伐を命じた。足利持氏は自滅した。永享の乱である。１４５５年には同じ対立構造をもつ享徳の乱が勃発し、概ね30年間も戦いは続いた。これら動乱のため、関東各地の世相は悲惨な状態に陥っていた。

3 箕田城攻撃

正覚寺家系図には「足利将軍義尚令に背き、義尚怒り……」と記されている。資料も何もないため真相はもちろん闇の中。すでに言及したところであるが、将軍義尚を怒らせ、設楽秀重に箕田城攻撃を命じた理由を、当時の時代背景から読み解くことにより整理してみたい。

(1) 攻撃の背景

①偽造在地徳政令「下地中分」

持氏の死により鎌倉公方は空席となる。この機を利用して、武蔵国守護・上杉憲実は荘園公領の押領を企んだ。強硬なやり方を選んだ背景には、いざとなれば室町幕府は味方してくれる、と守護であり関東管領である上杉憲実は読んだのである。箕田貞世にとっては一大事である。これまで代々勤めてきた在庁官人としての立場もある。また在地領主としての土地もある。これらを一切横取りされてはたまったものではない。対抗手段を思案した。すでに国衙の権威は侵食されて久しいが、これを正面切っての対抗手段とする。そして国人一揆衆の協力も期待できるとほのめかす。

当時、貴族たちが盛んに使った手は、徳政令「下地中分」を逆手にとって、これを積極的に受け入れることによって、少なくとも半分の領地は安堵できる。そこで箕田貞世は「在地徳政令」を在庁官人として勝手に出してしまった。それと同時に、国人一揆衆の支援があることをも匂わせた。

②守護上杉顕定の陰謀

守護による荘園公領の横領は全国各地で頻繁に起こるようになっていた。武蔵国においても守護上杉氏は、あることないことを並べ立て、訴状を書いて室町幕府に申しでた。武蔵国守護とはいえ、武力は国人衆が頼りである。しかし追討令を出して、参加を呼び掛けても誰一人来ない可能性がある。事実、過去において、守護代官大石某が国人衆の参戦を呼び掛けたが一人も応じなかった事例がある。関東管領上杉顕定《あきさだ》は武蔵国の国人衆の動員は困難と判断した。そこで、一計を案じ、将軍の権威でもって軍派遣をしてほしい旨を仕組んだ。事実関係を調べもしないで、将軍足利義尚は直臣の設楽氏に討伐を命じた。

③半済

将軍職にあるとはいえ、父親等の傀儡的存在に甘んじていた義尚は、１４８３年にやっとのことで幕政を掌握できた。幕府の立て直しと将軍の親裁権強化に意欲を燃やした。意気込んで沙汰した半済《はんぜい》[32]あるいは徳政文言禁止令は箕田貞世に無視された。税を徴収しそれを幕府に収めなければ問題は大きい。すでに実質的に荘園制度は解体し、幕府の直轄領である御料所すら地方豪族や国人たちに侵害され、幕府の財政は苦しかったと十分予想される。そうであればなおのこと将軍義尚が激怒するのも一理ある。

決定的な攻撃理由は見出せないが、考えうるこれらの理由はもっと複雑に入り組んでいたものであろう。しかしながら少なくとも土地・租税がらみのいざこざであることはほぼ間違いない。正覚寺家系図は「足利将軍義尚令に背き」と記している。箕田貞世側でも、攻撃を受けるような何らかの行為をしたことを認めているような書き方である。この行為が将軍義尚激怒の一因となったことを匂わせている。この行為とは当時では彼らにとって常識でさえあった納税滞納、荘園公領の横領であろうか。

⑵　箕田城

肝心の籠城した箕田城はどこにあったのであろうか。やはり鴻巣市大間にある「箕田館」が最もふさわしい。武蔵介源経基の館跡と伝承されているこの城は通称「箕田城」と言われている。場所は武蔵国足立郡箕田郷に隣接した現在の埼玉県鴻巣市大間に比定されている。鴻巣市教育委員会は次のような調査結果を公表している。

〃伝源経基館跡は、その伝承のように平安時代後期の源経基の居館とするには、現状の縄張りや歴史的背景を考えると問題が大きく、これらの学術調査による確認が大きな課題となっている。しかしいわゆる中世の方形単郭としては、本地域でも極めて保全状態が良好であるため、昭和16年3月31日付で埼玉県指定史跡に指定されている。……自然の要害の地を利用して占地している。……荒川の低地部をかなり意識した立地を取っている。……このように低位置にわざわざ館を構えることは、その築造にあたっての防備上の配慮かそれ以外の何らかの意図があったものと考えられる。……少なくとも館跡の最終的形態は、防備機能を重視した中世後期から末期と考えるのが妥当であろう。

主要部分は東西95m、南北85mを測り、西側を除く3方に土塁と溝堀が存在する。土塁は保存状態が良い部分では基底部幅6～8mを測り、高さは堀底から2・5～3・0mを有する。〃

設楽軍を迎え撃ち、籠城し、ある程度持ち堪えるには、この辺りではこの場所以外には考えられない。古文書の正しさを幾分か確信できた思いがする。ついでに付言するならば、普段は箕田郷付近の館に居住して、戦になれば一族郎党は大間の箕田城に集結し籠城したのではなかろうか。このように考えれば、箕田郷あたりで発掘された館跡の説明も付く。

江戸時代、徳川家康が利根川の付替工事を行う前は利根川の本流は現荒川を流れていた。従って、今は干拓され田畑になっているが、当時は箕田城の南面前方は沼地であったであろう。現在、この箕田城跡は県史跡として管理されている。杉の木立が適当な間隔で史跡一面を埋めている。林の中に一人立っていると、風がざわざわと、木々を撫ぜながら通り過ぎていく。ありし日の先祖たちの戦の出立姿がふっと目の前に現れた。

伝源経基館跡（箕田城跡）

伝源経基館跡（箕田城跡）

伝源経基館跡（箕田城跡）

鴻巣市大字大間字原1032番地－１外（鴻巣高校グラウンドに隣接）。館内は現状スギ林で管理が行き届いている。地形は西側の低地部に向けてなだらかに傾斜している。荒川の低地部をかなり意識した立地をとっている。そのため、堀や土塁は西側を除く三方を掘削することによって外部と区画している（鴻巣教育委員会）。

(3) 敗戦の因

①支配下にあった領民との関係はどうであったのか。領民から一目置かれるような関係を築き上げていれば、相応の支援は受けることができたのではないか。唯一の救いは箕田城の保存状態が良いことである。主のいない城はその後、村民により適度な手入れ・管理がなされていたのではないだろうか。すなわち当時、領主と領民の間の信頼関係が存在していたことが背景にあると思われる。しかしながら如何せん、多勢に無勢。徐々に劣勢を余儀なくされた。

②戦いの前の情報収集力に問題があったと思われる。事前の情報がある程度あれば、それなりの準備やそなえ、そして戦術も用意できたであろうに。

③そもそも幕府の怒りを買うような失態をなぜ演じてしまったのか。もっとうまく立ち回れなかったものか。22代にわたり、蓄え守ってきた土地を悉く失い、生活基盤である場所を立ち去らねばならなかった無念さは言葉にならないものであったろう。残された選択肢は、己の身一つの才覚で乱世の世を生き抜くことだけである。敗者の運命とは誠に過酷なものである。

箕田貞世は、特に②の情報収集能力の大切さを、身をもって経験した。まがりなりにも戦いに挑む際の必須条件である。

4 美濃国彷徨

武蔵国箕田郷を脱出した箕田貞世は、家族そして少数の郎党を伴って、４００年前は京から東国へと、東山道沿いに下ってきたその東山道を、こんどは武蔵国から、当てはないが、京方面へと上っていった。彼らの顔面には、４００年前の先祖たちが浮かべていたその笑顔はない。先祖が築いてきた領地をすべて失い、その罪悪感とこれからどのように生きていくのか全く見当がつかない動揺で、顔面には苦渋の色が浮かんでいた。

箕田城を脱出した箕田貞世は箕田からほど近い東山道武蔵路を通って、上野国経由で東山道を西に向かい、美濃国の垂井・関ケ原あたりで美濃路に分け入り、美濃山中に身を潜めたと考えられる。一族郎党揃ってでは目立ちすぎるし、妻子のみを引き連れた旅では心細い。おそらく家族や武士団のうち数人を伴っての敗走であった。

箕田郷から美濃山中まで、約５００㎞をどのくらいの日数をかけ、そして日々の食料はどのように工面したのであろうか。当時、すでに貨幣経済は広まっていたから銭をもって逃亡できていれば、何とかなろうが、それでも肝心の食料など生活物資が手に入らなければどうしようもない。とにかく今は生き延びること、どのように命をつないでいくのかが先決問題だ。その意味でも主要街道沿いの旅でなければならない。東海道沿いでは目立ちすぎる。やはり東山道沿いの旅が無難だと判断した。

(1) 浪人山中（箕田）貞世　美濃国山中に潜伏

敗走後、なぜ貞世は美濃の山中に身を寄せたのであろうか。美濃国はかつて源頼光、源頼国が美濃国守として官位を授かっている。しかし、すでに約４００年もの年月が経過している。地縁があるとは言い難い。

やはり京の都の存在であろう。室町幕府のお膝元であり、依然として歴史は京を中心にして動いていた。下克上の時代、「誰が強いのかだれが勝つのか」「チャンスはどこに潜在しているのか」などが戦国武士の関心事であった。追われる身であった貞世にとって、身を隠すには美濃山中は好都合である。少しでも京の都に近い場所で、生の情報を得ようとしたのではあるまいか。

再び仮説を展開してみたい。定住した場所は美濃の中でも近江に近い鈴鹿山麓の山中である可能性が最も高い。因みに、鞍掛峠一つ越えれば、多賀大社のある近江国犬上郡多賀である。従って、このあたりが好都合な場所と言えそうだ。情報を得るために歩き回った鈴鹿の山中から見下ろす近江湖南あたりの豊かさに驚いたに違いない。

前方は南向き緩斜面で琵琶湖まで続く。後方は鈴鹿山脈が連なり、北からの寒風を遮り、山系から流れる何本かの川は豊かな水を台地に供給してくれる天然の灌漑用水である。湖水に反射する陽光は作物にやさしい温室効果を恵む。

古来、多くの荘園が存在した所以である。ついこの前まで在地領主として活躍していた山中貞世にとって、羨望のまなざしでこの風景を見つめたであろう。できることならこの地で再び在地領主として返り咲くことができたらと。しかし、このあたりでは新たに開発可能な土地はとっくの昔に開発しつくされている。この選択肢は望む術もない。

①甲賀武士　近江山中氏

琵琶湖沿いの山中を歩き回っているうちに、近江山中氏の情報を得た。鈴鹿山麓の山中村は近江山中氏の発祥の地とされている。鎌倉時代初期、橘中務丞俊信が、鈴鹿山の賊を退治した功によって、山中村地頭・鈴鹿山盗賊追補使に補任された。地名山中村に因んで「山中」を称するようになった。また伊勢神宮祭司によって伊勢神宮柏木御厨の地頭職に補任され、幕府からも公卿《くぎょう》勅使儲役、鈴鹿峠警護役を公認されている。惣領を中心とした武士団を形成していたが、柏木御厨と山中村との2流に分裂した。柏木の山中氏は戦乱を生き抜き甲賀郡屈指の国人領主に成長をしていった（竹山靖玄氏）。

山中貞世は、その一派である甲賀武士[33]への接近を狙った。甲賀武士の強みは情報収集能力の高さにある。できればこれらの技法を学びとりたいと強く願った。古文書では美濃の山の中に住みついたので、「山中」と改称したと記されている。確かに箕田氏では何かと都合が悪かろうから、名前を変える必要はあったであろう。近江山中氏の情報を得るうちに、彼らの情報収集能力の高さに魅了されたに違いない。なにより情報収集の重要性は身をもって経験している。裸一貫で再起しなければならない貞世にとって、甲賀武士が持つ種々の技量に魅了されたのである。近江山中一族に消りたいと願ったのは当然であろう。

②尼子郷

鞍掛峠を越えると「甲良」にも行ける。鈴鹿山脈を源流とする犬上川が流れ、奈良時代から続く米どころであったため、多くの荘園が存在した。バサラ大名として名をはせた佐々木高氏（導誉）（１３０６－１３７３）もこの地に居を構えた。それゆえ、その子孫である尼子家が拝領した甲良荘の尼子郷は尼子氏発祥の地となった。佐々木導誉の孫である佐々木高秀の四男高久がこの地を領有し、１３７４年に築城した。高久は尼子氏の始祖となった。祖の嫡男詮久が近江尼子の、次男持久が雲州尼子氏の祖となった。

近江尼子氏は南北朝の打ち続く戦乱で落城[34]し歴史上から消えていった。しかし雲州尼子氏の活躍は輝いていた。近江尼子氏のゆかりの者から、守護代として出雲国で頭角を現していた出雲尼子氏の活躍も耳にしたに違いない。

③近江における勢力攻防

近江が最も躍動した時代は戦国時代であったかもしれない。琵琶湖は日本のほぼ中央にあり、東西南北を繋ぐ要に位置している。都に近く、米の生産性が高く、交通の要衝にあったことから、天下を制するうえで重要な地であった。因みに、戦国時代を通して東近江、湖東、湖北エリアに城を構えた武将は極めて多い。代表的なものを挙げれば、東近江エリアから順に、①八幡山城（豊臣秀次）、②観音寺城（六角氏）、③安土城（織田信長）、④彦根城（井伊氏）、⑤佐和山城（近江守護佐々木氏）、⑥長浜城（羽柴秀吉）、⑦小谷城（浅井長政）などがある。

このうち山中貞世が鈴鹿山中に潜伏していた頃に、存在していた城は観音寺城、佐和山城、小谷城などがあった。牢人の身である貞世にとって、在地領主の可能性が消え失せた以上、仕官の道を求めるほかはない。この地に潜伏したのは、偶然ではなくある種の計算が働いていたに違いない。それは「勝ち馬に成れる武将は誰か」である。

ワンショット・メモ　尼子氏発祥の地：滋賀県犬上郡甲良町

甲良町はバサラ大名：佐々木高氏（京極道誉）、築城の名手：藤堂高虎、江戸を代表する大棟梁：甲良豊後守宗廣等を輩出している。甲良宗廣は甲良大工の大棟梁として日光東照宮、江戸城天守閣、鶴岡八幡宮、上野寛永寺などを手掛けた。

古代から京の都の台所として、近江国犬上郡には多くの庄（荘園）が置かれていた。特に、甲良庄《こうらしょう》では多くの戦国武将を輩出している。一例として次のような庄があったとされている。

犬上庄：領家は広隆寺領、興福寺領、山門家領ほか
多賀庄：多賀神社（現・多賀大社）
水沼庄：水沼村を前身とする荘園。領家は東大寺
甲良庄：尼子郷（尼子氏発祥地）、下之郷（多賀氏の本拠地）、藤堂村（藤堂氏発祥地）、法養寺村（甲良氏発祥地）ほか
覇流庄《へるのしょう》：覇流村を前身とする荘園。領家は東大寺

甲良神社（滋賀県犬上郡甲良町尼子一番地）

天武天皇の代に高市皇子の生母：尼子姫が当地に住み給ひ、筑後の国・高良大社より希世の長寿の守・武内宿禰命を勧請された。当地の字（あざ）の地名：尼子は、この尼子姫に由来すると記されている。更に「治歴年中より甲良庄の総社となりける」とあり、およそ千年の昔より寿命の神として庄民より篤く信仰されてきた（甲良神社石碑より）。

尼子城跡地

尼子城　土塁

尼子城　堀跡

尼子城

奈良朝時代の古文書には甲良高良荘尼子荘と記載されている。この地は古くから犬上川の扇状帯で肥沃な米作地であり有力な社寺領荘園であったと考えられる。尼子氏は中世室町時代の初期京極家五代高氏道誉の孫高久が甲良荘尼子郷を領有、天平二年（1347）勝楽寺の前衛として築城。高久は地名を姓として尼子左衛門尉高久として名乗り尼子氏の初祖となった。尼子城は1347年頃築城され、1428年三代氏宗の頃に落城した。

昭和63年玄翁堂裏の竹藪で尼子城の土塁と堀跡が県教育委員会により発見され尼子城館跡と確認された。土塁に植付いた竹藪が長年の風雪から破壊を免れたと考えられる（滋賀県教育委員会）。

西明寺本堂（国宝）：甲良町池寺

竜応山《りゅうおうざん》と号す。天台宗の寺。金剛輪寺《こんごうりんじ》、百済寺《ひゃくさいじ》と並ぶ湖東三山の一つ。

室町時代には僧兵を抱え，多くの堂塔をもった。織田信長の攻撃を受けて大半を消失したが、本堂、三重塔、二天門は残った。徳川家康が寺領300石を寄せ、再興を図った。

西明寺三重塔（国宝）：甲良町池寺

本堂・三重塔は鎌倉時代の初期、飛騨の匠が建立したもので釘を一切使用していない。西明寺は平安時代の834年、仁明天皇の勅願により開創された。

山中貞世も鈴鹿の山中から足を運んだに違いない。

(2) 六角氏の抗争

南北朝動乱も明徳3年（1392）、足利義満によって南北朝合一がなされ室町幕府が確立する。これにより、近江国は北守護に佐々木京極氏、南守護に佐々木六角氏が任じられた。ところが応仁の乱では敵味方に分かれて激戦を繰り広げている。近江山中氏ら甲賀武士は六角氏側に従って戦っている。

①第一次六角征伐（鈎《まがり》の陣）

応仁の乱を生き抜いた六角高頼は、京極氏を応援した幕府・比叡山延暦寺への恨みもあって、江南の社寺領や幕府奉公衆領の横領を行った。幕府の再三に渡る警告にも拘らず、六角高頼の横領はやまなかった。

1487年、六角高頼討伐を決した将軍足利義尚は近江に出陣し近江の鈎（現滋賀県栗東市）に本陣を構えた。六角高頼は近江山中氏に栗太郡の山田方面を守備させ、両軍は野洲河原で戦ったが、六角高頼は敗北し、高頼は甲賀に逃れた。

ところが、渡邊大門氏『牢人たちの戦国時代』は次のように言及している。〝甲賀に追走した幕府軍は思いもかけず苦戦を強いられている。数千に及ぶ牢人の蜂起により、一時的に退却を余儀なくされたのである。この数千といわれる牢人衆は、間違いなく六角高頼を支持する領主層であったと考えられる。むろん彼らの多くは純粋に主を失ったのではなく、幕府から反逆者とみなされた人々であったかもしれない。〃箕田貞世たちも参戦した可能性は否定できない。

また甲賀武士たちは奇襲作戦を展開。同年暮れに義尚の本陣に夜襲をかけている。幕府に多大な損害を与えた甲賀武士たち53人はやがて甲賀五十三家と呼ばれるようになり、中でも、特に功績のあった21人は甲賀二十一家と呼ばれている。

足利義尚自身は１４８９年、25歳という若さで近江で陣没した。

②第二次六角征伐

１４９０年、第10代将軍に就任した足利義材は六角行高を放免したが、六角氏の内衆は社寺本所領の返還を拒否した。このため翌年から第二次征伐が開始されるが、詳細は本書の目的と外れるので割愛。結果だけ記すとまたもや六角氏の敗走で終わっている。

⑶ 山中（箕田）貞世の奔走

足利将軍義尚が近江に出陣する情報は山中貞世らの耳にも入ったであろう。チャンス到来である。義尚に一撃を食らわせたい一念で、甲賀武士と共に戦いたい旨、強く働きかけたに違いない。幸運にも、願いを聞いてもらえたが、六角軍は負けた。その後の奇襲戦に参加できたかどうかはわからない。

山中家一族は、義尚身辺の情報収集をしているうちに、貞世にとって、一撃を加えるとはいえ勝ち目のない戦いに挑むよりも、一族の今後の身の振り方を考えた方が得策と考えていたことも事実であろう。とにかく足利義尚は1489年に近江鈎陣中で病死したのである。

世の中はすでに下克上・群雄割拠・大名領の形成など戦国時代の機運が漂う時代に突入していた。典型的な戦国大名に成りあがっていく近江出身の雲州尼子氏の活躍も耳にしたに違いない。当然、貞世は琵琶湖近辺に城を構える武将たちの将来性、雲州尼子氏の将来性などを検討したであろう。要は「勝ち馬」を探し出し、その馬に乗ることが先決問題である。甲賀武士にも魅力を感じたに違いない。しかし「そともの」には惣の結束力が強い甲賀武士団に入り込む余地はなさそうだ。

注

26　識：中世にみられる所有の一形態。荘園制下では、一般に本家識、領家識、預所識、荘官識（地頭識）、下司識、公文識、名主識という重層的所有形態の体系が存在した。識は単なる所有権ではなく、一定の身分的対応がみられ、それぞれの所有者はその所識に応じた職務権限を有している。識は11世紀に成立し16世紀末には消滅するので、律令体制下にも、また後の幕藩体制下にも存在しない中世独自の所有形態である。そういう意味で識は中世の荘園制のみならず、それを生み出した中世社会の構造的特質というべきものである。

27　闕所地《けっしょ》：領主の欠けた土地の意。鎌倉・室町時代、領主の罪科などによって幕府に没収され新領主の定まらない領地。また所領その他の財産を没収すること。

28　六角氏：近江国の守護。近江源氏佐々木氏の嫡流。京都六角堂に館を構えたことから、姓を六角とした。家臣団の整備など領国支配を首尾よく経営し戦国大名となるが、信長の上洛前には没落している。

29　親裁：君主がみずから裁断を下すこと。

30　徳政文言：売り手が買い手に対して売り渡し行為を保証するために売り券に記した文言の一つ。１２９７年、鎌倉幕府が徳政令を発して御家人の売却した土地の無償取戻しを行ったことは、売買行為の秩序を権力によって動揺させることになった。そのため売り手はたとえ徳政が行われても煩いをかけない、といった文言を記して徳政が行われた際に売り手が受けるはずの利益をあらかじめ放棄することを約束する文言。また各地でその地域でのみ適用される在地徳政が行われたため、売券に徳政文言が記される頻度は増した。室町幕府は徳政文言が記してある借書の債務破棄を承認した。

31 悪党：鎌倉時代中期・末期から南北朝内乱期にかけて、反幕府・反荘園体制行動をとった在地領主・新興商人・有力農民らの集団。血縁関係者や近隣の在地領主層と連携して、あるいは数百人に及ぶ傭兵を組織するなど、武力化して当該地域における分業、流通の支配を目ざした。当時の社会・経済情勢の急激な変化が背景にある。

32 半済：室町幕府が南北朝内乱に際して、特定の国に対して守護を通じて荘園年貢の半分を、その国の配下の武士の兵糧料や恩賞として1年に限り給与した制度。その後、戦乱が長引くにつれて各国でも半済は一般化していった。
応仁の乱後も東西陣営は広範に半済を実施した。半済の管理権を握る守護はこの制度を、梃子として恩賞地位給与を行い、荘園制を解体に導くこととなった。

33 甲賀武士：現在の滋賀県甲賀《こうか》市・湖南市中心に活躍。都に近く、情報が入手しやすいわりには山間部にあり、身を潜めることが容易である。そしてこれまで常に合戦に関わってきた経験は、後世「甲賀者」と呼ばれ、甲賀流忍術に発展した。普段は農業をしたり、行商をしたりして各地の情報を探る一方、指令が下ると戦場やその後方へ出向き、工作活動を展開した。鈴鹿山系に連なる山間地帯で、古来杣《そま》を主業とするものや、採薬・採石・狩猟・製炭などを副業とする者が少なくなかった。これら生産や生活の技術が忍びの術に連なったと考えられる。

甲賀武士は郡内に連合組織として郡中惣を形成した。惣とは、村落共同組織体をいうが、この甲賀郡内にみられる地侍層は、単に村落内部での自治組織に留まらなかった。各地域内における権力者として、独自の支配構造を確立した中間層の集合であった。対外的には防衛を、対内的には経済的協調を図り、群内部の調整を怠らなかった。惣を基本とする甲賀武士の結束は固い。

34

近江尼子城落城：時を経て、昭和63年に、住宅地の中に埋没していたこの城の土塁と堀跡が発見された。平成８年に尼子集落の村づくり事業の一環として、尼子城の土塁・堀の一部を保存・修復して土塁公園（１３００㎡）となっている。

この尼子の里を歩いて感じたことは水の豊かさである。鈴鹿山脈から流れてくる犬上川の豊富な伏流水が中小の用水路を経て絶え間なく流れている。コメの産地のゆえんである。また甲良町には、湖東三山の一つである西明寺がある。西明寺は８３４年に開創された。鎌倉初期に建立された本堂、そして鎌倉後期に建立された三重塔はいずれも国宝。平安・鎌倉・室町時代を通じて祈願道場・修行道場として栄えた。源頼朝がここで戦勝祈願したとの伝承がある。また織田信長は比叡山焼き討ち時に、当寺も焼き討ちを試みたが、幸いにも本堂・三重塔・二天門は難を逃れ現存している。山中貞世も参拝したに違いない。

ワンショット・メモ　歴史をつくる土壌　近江あたり

天武朝時代の昔から、地理的行政区分として五畿七道があった。七道は地域呼称であり、かつ道路の名称でもあった。七道のひとつ東山道に属する国は、平安時代の『延喜式』によると、近江・美濃・飛騨・信濃・上野・下野・陸奥・出羽の8カ国である。起点は滋賀県の瀬多（瀬田）で終点は宮城県の多賀城である。当時の都の人々の地理的感覚として近江国はすでに東国である。

この地で天下分け目の合戦が2度行われている。一つは672年の壬申の乱である。大海人皇子（天智天皇の弟で後の天武天皇）は不破関（岐阜県不破郡関ケ原町）を抑え、自ら美濃国野上（関ケ原町）に仮の居宮をつくった。この乱に勝利した天武天皇は、天皇を中心とする中央集権国家を形成する。あと一つは関ヶ原の戦いで、武家を中心とする中央集権国家を、より強固なものにした。

また城郭街道とでも呼ぶにふさわしい多くの城が存在した。豊穣の地であり、特に地政学的に重要な地域であった。

多賀大社前から鈴鹿山系方面を望む

多賀大社（滋賀県犬上郡多賀町多賀）

多賀大社（滋賀県犬上郡多賀町多賀）

お伊勢参らばお多賀へまいれ　お伊勢お多賀の子でござる

延命長寿・縁結び・厄除けの神様として古くから信仰されてきた。特に中世・近世にかけて、伊勢神宮・熊野三山・多賀大社は庶民の参詣で賑わった。

山中貞世は一家が直面した危機に鑑み、延命長寿、厄除け、仕官などを切に願い、鈴鹿山中から出向き多賀大社を詣でたに違いない。

安土城址安土山の遠望（近江八幡市安土町）

山中鹿介等は尼子再興のため織田信長に会うため、この地を訪れた。

織田信長が岐阜から安土に城を移したのは、一つには越後の上杉謙信対策であり、一つには北陸の一向一揆を監視するため、岐阜よりはるかに京に近く、なおかつ琵琶湖の水運を掌握できるなどが背景にあるものと思われる。この城は1576年に着工し1579年にはほぼ完成したが、信長は着工の直後、建物の一部が出来上がるとすぐに居を当地に移した（小和田哲男氏）。

安土城原寸大復元

1992年スペインセビリア万国博覧会に出展された安土城天主最上部２層を移築し展示している。展示場所は近江八幡市安土町：信長の館。

山中鹿介は1578年に殺害されているので、完成した城は見ていないことになる。このようなきらびやかな城を見ていれば、鹿介の目にはどのような信長人物像が浮かんだことであろうか。

第3章

出雲国月山富田城

22　箕田武蔵権頭貞世
23　山中善治郎（のち主馬介）親世
24　山中金七郎貞光
25　山中甚太郎國貞
26　池田甚治郎（のち山中鹿介）幸盛
27　山中善九郎幸重

箕田武蔵権頭貞世は名を変え、山中貞世と名乗った。その子山中善治郎親世あるいはその孫山中金七郎貞光を含め、尼子氏への接近に努めた。そしてついに長年の仕官活動は実った。山中金七郎貞光は「出雲国尼子の家臣なり」と正覚寺家系図に明記してある。加えて、貞光の父親・善治郎親世は主馬介と改名している。馬を司る職務に携わったのであろうか。正式な家臣ではないが尼子氏の下で働いたと思われる。

山中善治郎親子とその家族は、近江の息長《おきなが》あたりから琵琶湖を船で対岸の三尾《みお》にわたり、若狭国、丹後国へと下り、そこから山陰道を通って出雲国へと向かった。出雲国の中海に面した安来あたりから現在の飯梨川沿いをさかのぼっていけば、月山富田城がそびえたつ城下町にたどり着く。山中貞世とその子善治郎親子が悲壮感を漂わせ、武蔵国箕田から美濃国山中《さんちゅう》にたどり着いてから、はや数十年が過ぎていた。もはやそこには貞世の姿はない。しかし善治郎親子の表情は明るかった。

1 尼子家家臣：山中貞光

どこで、どのような方法で尼子家の家臣になりえたのであろうか。尼子持久が出雲守護代として出雲に入国したのは1394年のことである。その時、同道した家臣に近江山中氏一族がいた由。前述の「鈎の陣」で知り合った甲賀武士から何らかの情報を得たか、あるいは熱心に仕官の斡旋を依頼したに違いない。

貞世、親世、貞光の3代にわたる家臣志願工作は時の運も加わった。当時、雲州尼子家の野望は軌道に乗り、戦国大名の道をひた走りしていた。一人でも多くの有能な戦力を望んでいたことは容易に想像できる。好機が訪れたのは後述の尼子経久の代である可能性が一番高い。まずは尼子氏の家系概略を見てみよう。

2 雲州尼子氏

(1) 尼子高久（1363－1391）

尼子氏の祖と言われる尼子高久は近江源氏の流れをくむ京極家：京極高秀の四男である。高久は近江国守護代として近江国犬上郡尼子郷に移住している。そして京極の名を改め、尼子高久と名乗った。嫡男の詮久《のりひさ》は近江の所領を受け継ぎ、近江尼子氏を名乗る。次男の持久は出雲に下向し京極氏の守護代となり、のち出雲尼子氏を名乗る。

(2) 尼子持久（1381－1437）

京極氏は近江守護、幕府侍所所司を兼任し、出雲をたびたび不在にするため、出雲国守護代を必要とした。そこで同族尼子持久を起用した。持久は応永2年（1395）に月山富田城に入城した。

(3) 尼子清定（1410－1488）

尼子氏の勢力拡大は清定の代から本格化した。清定は、応仁の乱（1467〜1477年）に際し、反京極勢力を打倒し出雲を平定した。所領拡大、島根半島東端の美保関銭徴収権獲得など経済的基盤を固めた。美保関代官職、能義郡奉行職を始めとして利引保、舎人保、多久和郷、生馬郷、中須郷等を守護京極政経より恩賞としてもらっている。

清定は伯耆侵入の西軍を撃退したのみならず、出雲国内の反京極勢力の中心であった松田氏と三沢氏の勢力を打倒した。これによって出雲国は京極氏勢力の下に統一された。それは同時に尼子氏勢力の強化を意味した。

(4) 尼子経久（1458－1541）

①下克上

清定の子経久は、文明6年（1474）、人質として京極政経の京都屋敷で5年間過ごした。その後、出雲に下向し、父から家督を譲られた。当初は京極氏側の立場をとっていたが、しだいに国人衆との結びつきを強くし、幕府の命令を無視するようになる。

社寺領の押領、美保関公用銭の段銭の徴収拒否などを続け、尼子家の権力基盤を築いていった。しかし権力基盤拡大の途上で西出雲の塩冶氏と対立。幕府や守護である京極家、周辺勢力からの反発をうけたのは当然である。1484年、守護京極政経は有力国人に経久の攻撃を命じた。経久は城を追われ、後任の守護代には塩冶氏が命じられた。

しかしながら尼子経久の野望は挫けることはなかった。守護である京極家がこの頃、家督争いで勢力をそぎ落としていた隙を狙い、荘園侵略、段銭押収を重ね、ついには1486年守護京極氏を京都に追放して出雲国を実質支配するようになる。1488年には、出雲の国人である三沢氏を攻撃し降伏させた。それ以降、戦国大名の道を歩み始めた。

②戦国大名への道

1512年以降、備後国を皮切りに、石見国、伯耆国、備中国など次々と侵略を繰り返していった。ついには山陰・山陽にまたがる11の国を治める守護大名にのし上がった。宿敵である安芸の毛利元就も一時は服属している。性急かつ強引ともいえるやり方に反発を覚える武将や国人も多くいた。事実、出雲国の名家である塩冶家に養子として送られていた経久の三男興久は、尼子家に不満を持つ有力武将など各地の反尼子家勢力と手を結び、反旗をひるがえしている。因みに、経久の長男・政久は1513年に伯耆磨石城を攻略中に戦死。経久にとって後継者選びは苦労の種であった。興久は月山富田城の登山道のとば口（安来市立歴史資料館付近）あたりにひっそりと眠っている。

(5) 尼子晴久（1514―1561）

中国一の大大名

後継者選びに苦労した経久は、結局1537年、孫にあたる詮久（後の晴久）に家督を譲った。晴久は次々と有力武将を家臣とすることで支配下に置き、積極的な中央集権化を推し進めていった。絶頂期には山陰・山陽11カ国のうち、8カ国（出雲・隠岐・伯耆・因幡・美作・備前・備中・備後）の守護を将軍足利義輝から正式に任じられ、名実ともに中国地方の有力大名になった。

晴久は尼子氏の出雲下向時からの直臣を重んじ、奉行衆を中心とした支配体制を確立していった。尼子氏に反抗的で独立色の強い武将に対しては領地を削減するなど勢力を弱体化し、反乱を未然に防ぐ策をとった。短期間のうちに名実ともに戦国大名になった経久・晴久の力量は評価されるべきである。しかし、所詮成り上がりの戦国大名である尼子氏にとって、国内外の結束力は万全であったのか、という疑問が残る。軍団としての真の結束力は、支配する地域の国人衆や領民とのあいだに、信頼関係を築いているかどうかに左右される。

①国人勢力

戦国大名にとって、国人衆をいかにうまく結集するかが、統治の要諦である。しかし1541年、晴久は国人衆の一人である安芸の毛利元就征伐を試みるが失敗してしまう。戦況は尼子氏に有利に展開していたにも拘らず、毛利軍の徹底した吉田郡山城における籠城戦法と、援軍として駆け付けてきた陶隆房《すえたかふさ》率いる大内軍に大敗を喫している。これにより、尼子氏勢力下の国人領主たちの多くが大内軍に寝返っている。

1542年、居城である月山富田城は大内義隆の侵攻を受けた。第一次月山富田城の戦いである。富田城の堅固な守りもあり、籠城戦によりしのぐことができた。大内軍の方が次第に疲弊し、こんどは、寝返っていた国人衆は再び尼子軍に帰還している。この再度の寝返りにより、大内軍は大敗し、大内軍下にあった毛利元就も九死に一生[35]を得ている。〝勝ち馬に乗る〟が乱世を生き延びるための知恵であったとはいえ、国人衆をいかにうまくコントロールできるか否かが戦国大名にとって重要な課題であった。

②内部結束力

そしてもう一つの課題は内部の結束力である。因みに大内氏の好例がある。1551年、周防国の大内義隆が家臣である陶晴賢の謀反で死亡し、大内家の勢力は衰えていった。1554年、晴久はことあるごとに晴久と衝突していた叔父である尼子国久ら新宮党を謀殺した。国久は経久の策により、出雲吉田荘の吉田氏に養子に入っていた。吉田氏は宇田源氏佐々木氏の傍系であり、幕府奉公衆の地位を当てられた守護使不入の特権[36]を持つ豪族である。

尼子氏勢力の中で最大の武勇を誇る新宮党[37]は吉田氏・塩冶氏の領地を直轄し、出雲において晴久をも凌ぐ影響力を持っていた。晴久の正室である国久の娘が死去すると、それを機に晴久は国久を殺害した。国久亡き後の尼子軍は徐々に勢力に陰りを見せ始める。晴久と国久の仲を引き裂いたのは、毛利元就の策略が功を奏したためとの説もあるが、真相は闇の中。

ところが晴久は１５６１年に急死してしまう。その子尼子義久が当主となるが、晴久の急死の知らせを聞いた毛利元就は尼子氏攻略を開始した。大内家の没落により急成長した毛利家の侵攻は激しさを増し、尼子氏は次々と領地を失っていく。勢いに乗じた元就は第二次尼子氏攻略を開始した。ついに、１５６６年、難攻不落の山城月山富田城は落城した。尼子義久は毛利元就により幽閉され、ここに大名としての尼子家は滅亡した。わずか１７０年の栄華であった。

3 尼子家家臣：山中貞光の誕生

(1) 好機到来

１４８４年、尼子経久は守護代の任を解かれたものの、そのまま出雲に留まったという説もあるが、一旦、近江に帰った可能性もありうる。かねてから仕官工作をしていた山中善治郎親世・山中金七郎貞光親子にとって、願ってもない好機到来である。あるいは京極家お家騒動で、京極政経が出雲に下向したときに、山中親世・貞光は同行するチャンスを得た可能性も否定できない。いずれにしても山中貞光が尼子家に召し抱えられた時期は、尼子経久の代である可能性が最も高い。

尼子経久は戦国大名に成り上がるという野望を燃やし続けていた。そのためにも、少しでも頼りになる戦力を必要としたであろう。1488年、月山富田城奪回に際し、山中親子が活躍したのであれば、厚遇で家臣に迎え入れられたことであろう。あるいは甲賀山中氏のもとで、諜報活動の技を身に付けたことを売り込んで仕官の座をつかんだ可能性もある。

(2) 諜報活動

正覚寺家系図には詳細に関しては一切書かれていない。ましてや歴史書にも山中鹿介以外、一切登場しない。時はすでに戦国時代である。戦い方も従来型とは異なり、集団戦法が勝敗を決するようになってきている。となれば、在地国人層のように多くの兵を動員できる武将が評価される。長槍・弓・鉄砲を有効に使った集団戦法が可能となるからである。

また諜報活動の重要性も認識されるようになってきている。戦国時代の雄・織田信長の戦法である。領土の農民たちを動員できない山中親子にとって、彼らが鈴鹿山中で甲賀武士から教わった諜報の技を売り込んだのではないか。例えば、他国における諜報活動であり、敵方の弱点を的確に把握して攻撃するための情報収集活動であり、あるいは敵地への破壊工作や夜襲・ゲリラ作戦などである。彼らは表舞台に出ることはまずない。あくまで裏舞台での活動に徹する。従って記録などに登場することもない。

4 尼子氏・急激な盛衰の背景

尼子氏は１５３０年から１５５０年にかけ急激に勢力図を拡大させた。最盛期には11カ国を統治する西国一の大大名になった。反面、それだけに勢力を削がれていったスピードも速かった。絶頂期からわずか15年のちの１５６６年には滅亡した。これらの詳細を振り返っておくことも意義のあることである。山中貞世らの「勝ち馬に乗る」という思惑は結果的に見事外れたからである。

(1) 経済力

①鉱物資源の独占・物資運搬回路の支配

最大の強みは石見銀山など出雲近辺の鉱物資源の掌握をしたことである。これら資源確保をめぐって大内氏も毛利氏もこの地を欲した。石見銀山の拠点である山吹城を巡り激戦が繰り広げられた。そして出雲国周辺は製鉄蹈鞴《たたら》の産地でもある。

白鹿城を拠点に、美保関を支配下に置き物資運搬の回路を支配した。松江からバスに乗り継ぎ1時間ほどで美保関[38]につく。途中、中海、堺水道、美保湾を左に見ながらバスは進む。基本的な地形は当時と大きく異なることはないであろうから、物資を積んだ船が行き来する当時の面影が目に浮かぶ。室町期には、朝鮮、九州、北陸への船の寄港地であった。まさに富を招き入れる海路であったであろう。

②地元有力者の掌握

地政学的な地の利をいかに生かすかが重要である。尼子氏は、西出雲塩冶郷の水運への直接介入や出雲鉄・伯耆鉄・石見銀を用いた貿易によって得られる津料、更には石見銀山で栄えていた鉱山町にて物資を売ることで得られる利益など、御師《おし》[39]坪内氏にそれら利益の管轄権限を認めることで、その利益の一部を上納させていた。

これら上納金を使って、軍資金の一部を賄った。また神社仏閣の造営を行い、出雲大社を自らの配下に組み込み、大社と反目していた日御碕神社をも支援し、大社宮司千家家・その配下衆にも直接接触している。尼子氏が年貢・公事を支配していない寺社領においても地下並負担免除を行い、公事負担（軍役）を理由に納入年貢を減じたりしている。このような巧みなやり方で杵築門前町を支配下に置いた（フリー百科事典　ウィキペディア）。

③交易の奨励

西出雲から朝鮮・明・南蛮との対外貿易を盛んにするほか、若狭の商人とも繋がった国内貿易にも力を注いだ。月山富田城下町を「貿易」で発展させ、いち早く商品経済の促進を促した。こういった地の利を活用したやり方は周防・長門に勢力を持つ大内氏のやり方を模倣したのであろうか。

⑵ 尼子氏家臣団

以下は『姓氏家系大事典』、尼子氏家臣団（勝田勝年氏）から文意を要約。

〝尼子氏の家臣団構成は他の豪族同様大きな差異はない。すなわち①一族、②近臣（譜代）、③外様（国衆）に分類される。具体的には①富田衆、②出雲衆、③一族衆、④尼子氏の家族である。③と④を合わせて一族として考える。②の出雲衆としては、三沢氏、牛尾氏、大野氏、下笠氏、三刀屋氏、赤穴氏などが挙げられる。①の富田衆は主として譜代の家臣、佐々木氏の一族などである。しかし出雲国衆と富田衆は必ずしも固定的ではなくときどき構成替えが行われた模様。〟

尼子氏は元来外様であり、国人衆が少ない点が特徴として挙げられる。このことはある意味強みに成りうるが多くの場合弱みとなる。時はすでに軍勢の多寡が戦いの勝敗を決する集団戦の時代に差し掛かっていた。

〝尼子氏の勢力が拡大するにつけ、これらの構成は変更せざるを得なかった。勢い、国人衆・外様も増加した。但し、国政参与に関しては外様に付与権は与えていない。新興の戦国大名にとり、戦力拡充は必須の条件である。特徴的なのは、尼子十騎[40]（十城）という相互扶助の体制を作り上げている。尼子十城は富田本城の防衛線をなす。攻撃を受けたときは富田本城が支援し、富田本城が攻撃を受けたときはこれら十城が支援をする。十城の城将は尼子氏が最も信頼する重臣で構成される。〟

一方、弓矢・槍・刀剣に加え、新兵器である鉄砲が戦力の中心になりつつある時代である。〝特に集団戦としての足軽の兵力が重要となる。もちろん家老衆、一門衆、中老衆も戦時には指揮官として参戦するが、大軍集中戦法が勝利の条件であった。〟この意味において、多くの兵士を動員できる国人衆をいかに味方につけるかが勝敗を大きく左右する。

守護代から守護大名そして戦国大名へと急激に勢力を拡大してきた尼子氏にとって、時間をかけて国人衆との間に信頼関係を築くことは所詮無理な話であったかもしれない。大内氏や毛利氏のように国人領主から、のし上がったわけではない。[41] １５４０年から１５４１年にかけて、毛利元就の吉田郡山城を攻撃したが結果的に敗戦に終わった。それを機に、国人衆の尼子氏への態度は豹変している。

⑶ 尼子氏の国人領主等掌握法

各地方はそれぞれ社会的・歴史的要素を縦・横に織りなした社会構造を持っている。特に外部から入植した守護大名にとって、それら社会構造を理解することが、領地支配の鉄則となる。尼子氏による出雲国支配を見てみよう。

国人領主層・土豪層・小領主層など重層的社会構造の理解のもと、相互扶助的な関係を作ることが理想である。次は、『戦国大名論集（六）』松浦義則氏による「戦国大名の領主層掌握について――出雲尼子氏を例として」から論旨を要約してみたい。

①国人領主層

京極氏守護支配時代の守護と国人との関係を基本的に踏襲する。京極氏の統治時代にすでに軍役基準[42]が存在していた。当時、中国地方の諸国において、室町時代末期から戦国時代初期には、その所領規模を示す貫高が大体において採用されている。地頭による一円支配により、農民からの収取を分銭であらわしそれを貫高に置き換えるが、実際には米で収納が行われていた。これをベースにして、軍役数を確定すべく、国人の知行高を算出する。郷村を基礎に自律的な地域的支配を形成している国人領主層は郷村貫高を基準として守護支配以来の「国並[43]」奉公を課したのである。

②土豪層

京極氏守護支配の時代には土豪層に対しては奉公基準を持っていなかった。例えば、守護不入地・郡司不入りの地など、伝統的支配権（出雲国造がこの地に有した支配権を前提にしたもので、守護の保護、国造家・神魂社《かもすしゃ》の神威など）は尊重してきた。

それに対し、尼子氏は土豪層の複雑な利害関係に注目し、そこをうまく活用することにより権力基盤を固めようとした。土豪層が尼子氏権力に結びついていかなければならない事情（地下勢力の不同心の態度排除や商業得分権の集中など）を見抜き、尼子氏はこれらを保護することにより、土豪層を被官並奉行の家臣に育てていった。尼子氏の一国支配権と結びついて所有支配を維持しようとした土豪たちは、「被官並」の奉公を勤め、尼子氏もまた彼らに対する支配権を強めていった。

③小領主層

小領主層は、大名や国人の被官となっており、身分的には武士とみなされるようになりつつあったが、年貢・公事の収取関係においては、年貢・公事負担者たる百姓として扱われていた（地下並）。地下並負担免除は大名の公認のもとで行われる一つの制度として定着していた。大名は小領主層を掌握するため、積極的に活用し、その見返りとして、軍役などを課した。〟

このように領国の伝統的支配構造をきめ細かく改革することにより、尼子氏は戦国大大名の道を駆け上がるのである。尼子経久は11カ国支配を実現しているが、〝この背景には、国人たちがまだ特定の大名を中心に結束を固めていない段階において、出雲の国人たちを「国並」に動員しえた尼子氏の軍事力が優位を占めたためと言える。〟

例えば、〝大永3年（1523）、安芸国における大内氏の拠点である東西条鏡山城攻略はその好例である。この攻撃に対し、大内氏軍は陶興房を中心に反撃したが、膠着状態に陥る。この戦いは大永7年（1527）ごろまで続いたが、天文元年（1532）ごろには一種の和解が成立した。この和解により、石見・安芸方面での脅威を断った尼子氏は天文年間5年～9年（1536～1540）の間、備中・美作・備前・播磨へ出兵することができた。また、これらの国々において強力な在地支配体制を打ち立てるという野心を示さなかったため、国人層たちも協力できた。〟しかし国人衆のなかでも最も気を付けなくてはならない国人である毛利元就に、この戦いで、致命的な悪印象を与えてしまう。詳細は後述。

(4) 月山富田城を巡る攻防

標高183・9mの月山に築かれた山城（日本五大山城の一つ）。山麓は急崖、頂上は平坦で難攻不落の名城。月山富田城は天然の地形を巧みに利用した難攻不落の要塞城で別名「天空の城」とも呼ばれた。富田川の東岸にある月山山頂には本丸、中段には山中《さんちゅう》御殿、尾根続きの峰々には曲輪《くるわ》が展開する、周囲4キロメートルにも及ぶ巨大な山城である。山麓平坦部には居館を設け、平時の生活はそこで行っていた模様で、周りには侍屋敷が設けられていた。

２０２１年、安来市は月山富田城跡の整備を完了させた。山頂にある本丸跡まで往復２時間程度であるが、最後の七曲りから三の丸に至る道は整備されているとはいえ、かなりきつい。背中にザック一つの軽装でもハーハー・ゼーゼーと息を切らせながらの登りである。鎧・兜を身に着けた出で立ちではさぞかし大変であると実感する。しかし山頂からの眺望は妙なる景色で、中海・日本海が見渡せる。特に、夕日が日本海に沈む風情は感動的でさえある。

①尼子氏居城

月山富田城は歴代の出雲国守護職の居城で、尼子氏の入城は持久の時に始まる。１３９４年、京極氏の守護代として入城。１４８６年、第四代尼子経久は守護京極氏を追い出し実質的な守護として、守護大名として成長していく。尼子氏六代の１７０年間の盛衰の舞台となった。

１５４２年の大内義隆の侵攻（第一次富田城の戦い）を受けたが、籠城戦により勝利した。この時、大内軍の配下にあった毛利元就も危うく落命しかけている。１５６５年、毛利元就は再び攻撃（第二次富田城の戦い）を開始した。尼子義久は籠城して応戦した。１年半にも及ぶ籠城戦であったが、ついに兵糧が尽き開城。城主尼子義久は捕らえられ安芸国に送致される。翌年１５６７年、毛利家家臣天野隆重が城代として入城した。

②奪回戦

１５６９年、尼子家再興を願う尼子氏家臣山中鹿介らは、かつては自軍の城であった城を攻めたが、かつてを知った城であるにも拘らず、やはり攻めあぐねた。そして１５７０年、毛利軍本隊の来援により、尼子再興軍は敗退した。

③それから

関ヶ原の戦い後、堀尾吉春が入城し総石垣造りの近代城郭に大改造した。しかし後継者忠晴は、１６１１年松江城[44]に移ったため廃城になった。

ワンショット・メモ　山城の雄、月山富田城の生命線

標高約190mの月山を中心に富田川（現飯梨川）に向かって馬蹄形に伸びる丘陵上に多数の防御施設を配した広大な山城。最近、道が整備され小1時間で頂上にたどり着ける。この頂上から、中海、島根半島、弓浜半島など、当時の交通・経済・軍事面で重要な地域が一望できる。

難攻不落の山城だが、籠城戦で耐えるには、この生命ラインが押さえられるとたちまち苦境に陥ることになる。このリスクを回避するには、最低でも半年から1年程度の必要物資の備蓄が不可欠となる。くわえて兵站の確保・工夫は必須の条件である。

富田城址のある月山と飯梨川

富田城の生活物資などは、日本海などから美保関・中海を通って、富田川（現飯梨川）を遡り、城のすぐ下にあった城下町に運ばれた。飯梨川河川敷から富田川河床遺跡（富田城城下町跡）が発掘されている。

富田城山中御殿跡

月山中腹には周囲を石垣で囲んだ広大な曲輪がある。城主の居住館があったと推定されている山中御殿跡である。

七曲り

その地から山頂部へと屈曲しながら急峻な登城道が続く。道の所々には曲輪が造られており防御を固めている。この七曲りを登りきると三の丸、二の丸、本丸へと続く。

富田城本丸跡からの眺望

富田城本丸跡に建てられた山中鹿介顕彰碑から中海・島根半島方面を一望できる。鹿介と月のセットは有名であるが、ここからの夕日は絶景で、鹿介も毎日楽しんでいることであろう。

大土塁

城内に通じる道は３本ある。正面の御子守口、南側の塩谷口、北側の菅谷口である。山中御殿の西側下方（御子守口、塩谷口に通じる道）には大土塁が築かれている。

⑸　尼子氏の宿敵

１　大内義興《よしおき》（１４７７－１５２９）

大内家は代々周防権介を世襲したが、引世のとき、足利氏に従って戦功を立て、山口を本拠として勢力を拡大した。義興は大内氏の第15代当主。室町幕府の官領代となって将軍の後見人となり、周防・長門・石見・安芸・筑前・豊前・山城の７カ国の守護職を兼ねた。

大永３年（１５２３）に尼子経久が安芸進出を目論み、安芸武田氏・友田氏を味方にして大内領安芸国への侵攻が本格化していく。石見の波志浦は尼子軍に攻略され、安芸では大内家に従属していた毛利氏が尼子方に寝返った。

尼子経久は毛利家当主・毛利幸松丸の後見役である毛利元就を利用して、大内氏の安芸陣営の拠点である安芸西条の鏡山城を攻略（鏡山城の戦い）させるなどして、一時は大内氏を圧倒した。しかし大永４年（１５２４）に安芸厳島にあった友田氏の拠点桜尾城を攻略し、武田氏の拠点佐東銀山城の攻防戦で尼子軍を撃破した。大永５年（１５２５）には毛利家を継いだ毛利元就が再び大内氏に帰参したため、大内氏は安芸における勢力をやや回復した。

尼子氏も備後国守護であった山名氏との戦いもあり、ついには石見を大内氏に取られてしまった。やがて備後国は山名氏の勢力の衰えと共に、尼子氏と大内氏の争奪戦の舞台となった。

2　大内義隆（1507－1551）

大内家の第16代当主。義隆の時代、西の京と呼ばれるような大内文化が爛熟し、西国一円に大内政権を築いて大内家は領土的に全盛期を迎える。しかし義隆の文治政治に不満を抱いた、一族でもある陶隆房に謀反を起こされ、義隆は自害、大内家は事実上滅亡した。

天文9年（1540）、尼子経久の孫・詮久（後の晴久）が安芸国へ侵攻し、大内氏の従属下にあった毛利元就の居城・吉田郡山城を攻撃した。義隆は陶興房の子・隆房（後の晴賢）を総大将とした援軍を送り、尼子軍を撃破する。以降は尼子氏に対して攻勢に出ることになり、天文10年（1541）には尼子方の安芸武田氏と友田氏を滅ぼして安芸国を完全に勢力下に置いた。

天文10年、尼子経久が死去すると、翌年に義隆自ら出雲国に遠征して、尼子氏の月山富田城を攻囲するが、配下の国人衆の寝返りにあって大敗を喫した。しかもこの敗戦により寵愛していた養嗣子の大内晴持を失う。これを契機として、領土的野心や政治的関心を失い、以後は文治派の相良武任らを重用するようになった。このため武断派の陶隆房や内藤興盛らと対立した。

3　毛利元就（1497－1571）

毛利家の第12代当主。安芸吉田庄の国人領主・毛利弘元の次男。毛利家の本姓は大江氏で、大江広元の四男・毛利季光を祖とする。元就は用意周到な策略及び危険を顧みない駆け引きで、自軍を有利に導く策略家として知られている。家督を継いだ時点では、小規模な国人領主に過ぎなかったが、一代で山陽道・山陰道10カ国を領有する戦国大名の雄にまで成長させた。特に、晩年になってから版図を数倍に拡大させているなど、老練手腕が冴えた。

大永5年（1525）に尼子氏と関係を断ち、大内義興の傘下となる立場を明確にした。天文9年（1540）、尼子氏との吉田郡山城の戦いでは、元就は急遽の徴集兵を含めてもわずか3千兵の手勢で籠城して尼子軍3万余りを迎え撃った。家臣の福原氏や友好関係にあった宍戸氏らの協力もあり持ち堪え、遅れて到着した大内義隆の援軍：陶隆房の活躍もあり勝利した。

安芸武田氏傘下の川内警固衆を組織化し、後の毛利水軍の基礎を築いている。天文13年（1544）に、強力な水軍をかかえる竹原小早川家に、元就の三男・徳寿丸（後の小早川隆景）を養子として送り出した。天文16年（1547）には、正室：妙玖の実家である吉川家に次男・元春を送り込んでいる。毛利両川体制を着々と進めた。安芸・石見に勢力を持つ吉川氏と、安芸・備後・瀬戸内海に勢力を持つ小早川氏、両家の勢力を取り込み、安芸一国の支配権をほぼ掌中にした。

①東西条鏡山城の戦い（1523年）

鏡山城は安芸西条にある山城で、安芸支配を目論む周防・長門の大内氏が長禄・寛正年間（1457～1466年）に築城し、安芸支配の拠点としていた。大永3年（1523）、安芸・備後に勢力を伸ばしていた尼子経久は、大内義興が九州北部へ出陣している隙を突いて、鏡山城を落とすべく西条に進軍。尼子氏に臣従する安芸国人衆（毛利氏・吉川氏等）らと共に鏡山城の攻略を開始した。対する大内軍は、蔵田房信・直信が鏡山城に入って応戦した。尼子軍毛利元就は、蔵田家の家督を継がせることを条件に直信を寝返らせることに成功し、尼子軍を城内に手引きした。そのため、房信は敗北し、城兵と妻子の助命と引き換えに自害した。

落城後、尼子経久は房信の申し出は承認したが、直信については寝返りを非難して処刑を命じた。元就の面目は丸つぶれとなり、経久への不信感を増幅させた。また経久も、智勇に秀でた元就を警戒するようになった（フリー百科事典　ウィキペディア）。

大永５年（１５２５）、安芸での勢力回復を図る大内氏は攻勢に転じた。この機を捉え、毛利元就は尼子氏を離反して、大内氏の傘下に再び入っている。

②第一次月山富田城の戦い（1542〜1543年）

一方、痛い目にも遭っている。天文年間11〜12年（１５４２〜１５４３年）にかけて、大内義隆を総大将とした第一次月山富田城の戦いでは、吉川興経らの裏切りや、尼子氏の所領奥地に侵入しすぎたこともあり、補給線と防衛線が寸断され、大内軍は敗走する。元就も富田城塩谷口を攻めるが敗北している。この敗走中に元就は大内軍の殿軍を命じられ、死を覚悟するほどの危機に陥っている。渡辺通が身代わりとして戦死してくれたため、窮地を脱して安芸吉田に帰還している（フリー百科事典　ウィキペディア）。

１５５６年、毛利軍は尼子晴久に忍原《おしばら》で大敗し、石見銀山を失う（忍原崩れ）。

１５５８年、毛利元就・吉川元春は石見銀山を奪回すべく出陣。尼子晴久と江の川で対峙するが、膠着状態のなか、翌年山吹城を攻撃したが苦戦。撤退中に城主本城常光の奇襲と晴久軍の攻撃により大敗を喫した（降露坂の戦い）。

③第二次月山富田城の戦い（1565〜1566年）

永禄８年（１５６５）、元就は輝元とともに出雲へ出陣した。前回の苦い経験を受けて、戦いのための用意周到な準備から始めている。１５５７年に大内氏を滅ぼしたのち、１５５９年備中国を平定、１５６２年石見国山吹城を攻略し石見銀山を掌握して石見国を支配下に置いた。同年８月に出雲国へ進軍し翌年１月に富田城攻撃を開始するが苦戦している。そこで同年11月、尼子氏の補給要塞である島根半島の白鹿城を攻撃した。そして１５６５年、西伯耆一円を支配下に置き、月山富田城を孤立化させることに成功した。

そのうえで総攻撃をかけたが、またもや失敗に終わった。今度は作戦を兵糧攻めに変更したうえで策略を巡らす。最初は投降兵を皆殺しにする。そのうえで粥を炊き出し、投降兵を誘ったところ、離反者は続出した。次に、離間策により内部崩壊を狙い、疑心暗鬼に陥った尼子義久は重臣である宇山久兼を殺害してしまう（フリー百科事典　ウィキペディア）。

ついに１５６７年１月に尼子義久は籠城戦を放棄し開城に至った。こうして毛利元就は一代にして、中国地方８カ国を支配する大名に成長した。外来の尼子氏と異なり毛利元就は地元国人出身であるが、地元国人領主にも悩みは多い。もともと毛利氏と対等の関係にあった国衆と呼ばれる有力家臣の存在は、統治の困難さを伴うものであった。池亨氏は次のように述べている（『日本大百科全書（ニッポニカ）』）。

〝そこで、元就は征服地の検地などを通じた知行政の整備、在地小領主層の家臣への取立てによる軍事力基盤、在地支配体制の強化、官僚制機構を通じた行政支配の充実を図った。なかでも特徴的なのは、子供の多いことを利用した、養子婚姻による有力家臣との縁組政策である。いわゆる「毛利両川体制」により、本荘家を補佐するしくみをつくったことである。これにより二元的主従体制（直臣家臣団と従属地元国人領主）をうまくコントロールすることができた。この二重関係は長州藩移封まで続いた。〃

④策略家：元就

戦国時代という下克上の世界で、己の目的のためには手段を選ばない策略家は多い。北条早雲や宇喜多直家等が著名であるが、中でも稀代の策略家として毛利元就を挙げる人は多い。

毛利家最大の宿敵尼子家を、戦わずして弱体化した話は有名である。尼子軍団の中でも、随一の武勇を誇った新宮党は統領尼子晴久に危機感を募らせるほどの勢いであった。ここに目を付けた毛利元就は、新宮党が毛利家と内通していると思わせるような手紙を持たせた男を、尼子家の城内に忍び込ませた。一方、別の男に忍び込んだ男の後をつけさせ、手紙を持たせた男を殺害した。殺害された男が持っていた手紙が晴久の目に触れたことで、無実の新宮党の多くの兵士は処刑された（フリー百科事典　ウィキペディア）。

⑹ 尼子氏の失敗

もともと尼子氏は外様でありながら、守護代から守護に、そして戦国大名へと急激に勢力を伸ばしていった。尼子晴久の急死という不幸な出来事があったとはいえ、わずか１７０年の盛衰で滅亡した。自らの弱点を自覚し、弱点を強みに転嫁する術はなかったのか。安芸国東西条鏡山城攻略時の経久の国人毛利元就への対処のしかた、晴久の新宮党党首尼子国久[45]の殺害などが挙げられよう。

毛利氏の有能さを自覚していたのであるならば、直線的でない曲線的な優柔策で臨むべきであったであろうし、尼子軍最強の戦力である新宮党をもう少しうまくコントロールすべきであった。もし尼子氏に老獪な術があったなら、宿敵・毛利氏との結末ももう少し違った筋書きになったであろうに。

急成長の戦国大名：尼子氏にとって最大の弱点はやはり国人対策であろう。もともと外部出身者であるがゆえ、時間をかけて国づくりをする必要があった。そのためには交易等により財力基盤を構築し、それをうまく活用しながら、徐々に勢力拡大を図っていく必要がある。武力ですべてを征服することはできない。最後は人心である。土地本位制の時代にあろうとも、その本質は人間関係にある。「民、信なくば立たず」である。

5 尼子再興軍　山中鹿介《しかのすけ》（1545―1578）の奮闘

1566年、尼子家は毛利家侵攻によって滅亡し、尼子家臣団も崩壊した。当時の兵《つわもの》の倫理観に従えば、「我が家の存続」が第一であり、そのためには敵軍に寝返ることはさほど珍しいことではなかった時代である。多くの尼子家臣は毛利家臣に組み込まれていった。

しかしながら尼子三傑はその例にあらず、尼子家再興を心から願い奮闘した。彼らが中心となり、1568年に、当時出家して京都・東福寺にいた尼子勝久[46]を還俗させ擁立した。尼子三傑とは山中鹿介幸盛、立原久綱、熊谷新右衛門のことである。この中でも山中鹿介が中心人物であった。

(1) 山中家出自

正覚寺家系図にも山中鹿介の名が記されている。山中主馬介親世―山中金七郎貞光―山中甚太郎國貞と続き、そして池田甚治郎（のち山中鹿介）幸盛と記載されている。正覚寺家系図からの脈絡で言えば、血縁関係はなさそうで、なぜ正覚寺家系図に記載したのであろうか。のちほどその理由を考えてみたいが、山中鹿介はそれほど素性がはっきりとしない出自であり、諸説が混在している。

『陰徳太平記』（１６６０年）の説明。〃幸盛の父親は山中満幸、母親なみは立原綱重の娘。兄弟は長男甚太郎幸隆、次男幸盛、子女（のち飯田定正の正室）で、次男幸盛は亀井秀綱の養子となる。しかし兄である甚太郎は生来病弱であったため、自ら廃嫡し弟幸盛に家督を譲った。〃なお、幼少名を池田甚治郎と名乗ったことは『陰徳太平記』にも記されている。山中家は尼子家臣団の中では中老格の家柄である。幸盛は近習として義久に仕えた。

山中鹿介研究の第一人者である藤岡大拙氏は、鹿介の出自に関する確かな史料は何一つなく、同時に山中家系図も異同が多く信憑性に問題があるように思われる、と述べられている。以下、藤岡大拙著『山中鹿介』から抜粋。〃……二系図とも、母は立原佐渡守綱重の女《むすめ》としている。後年、鹿介を補佐して共に戦う立原源太兵衛久綱は、母の弟、つまり鹿介の叔父だといわれている。ところが不思議なことに、山中系図に表れる幸久[47]以下歴代の名前が、現存の古文書・古記録の中に、いっこうに見当らないのである。……これは一体どうしたことか。系図上の人物が古文書・古記録に見えないとすれば、系図そのものを徹底的に検討する必要があるだろう。〃（42頁）

〃幸久（山中氏の祖）の謀反については、軍記物をはじめ古文書・古記録にいっさい現われない。……鹿介幸盛は幸久の四代又は五代の後裔となっている。山中家は尼子一門衆といってもいいのであるが、鹿介の父満幸の頃には、むしろ譜代の重臣、すなわち富田衆の一員だったと思われる。〃（39頁）　＊（）内は引用者挿入。

〃鹿介の生まれた場所についても、確実な史料は残っていない。……広瀬町の郷土史家妹尾豊三郎氏（故人）は、土地《ところ》の伝承、遺跡などを勘案し、富田庄の中でも、新宮谷の山中屋敷で生まれたと説いているが（妹尾『山中鹿介幸盛』）、現時点ではこれに従っておこう。〃（38頁）

(2) 正覚寺家系図：山中家

1　箕田武蔵権頭貞世（山中貞世に改姓）

2　山中善治郎（のち主馬介）親世
3　山中金七郎貞光（尼子家臣）
4　山中甚太郎國貞
5　池田甚治郎（のち山中鹿介）幸盛
6　山中善九郎幸重

①山中鹿介
問題は正覚寺家系図でいう山中家と歴史書に出てくる山中家との関係性である。正覚寺家系図には次のように記されている。

『池田甚治郎（のち山中鹿之介）幸盛主人尼子晴久毛利元就が為に亡した。鹿之介も討死』

尼子晴久は１５６１年１月９日に急死している。この時、鹿介は16歳である。すでに元服は終えていたので、晴久の家臣であったことには不思議はない。しかし鹿介が主として仕えたのは晴久の嫡男：義久である。義久の近習として仕えている。晴久が急死したのは月山富田城内と言われている。家系図に書かれている「元就のために死んだ」とは何を意味するのであろうか。元就の策略があったのであろうか。ともかく晴久の急死は尼子家にとって致命的な痛手であった。尼子氏勢力安定化に向けて中央集権化への改革途上であった。ついに晴久に一目置いていた毛利元就の尼子氏攻略が再開された。

正覚寺家系図に従い、鹿介との関係性を強引に推測してみたい。

②山中甚太郎國貞と山中甚太郎幸高

鹿介の兄・山中甚太郎（幸高）が、弟・甚治郎（幸盛）に家督を譲ってからの、あるいは尼子家滅亡後の、兄・甚太郎幸高の足跡が気になる。家督譲渡後、出家し月山富田城下の万松寺で円念と称したとも、病死したとも、弟の幸盛と共に尼子家再興戦に参加して討ち死にしたなど諸説あるが詳細不明。

正覚寺家系図に「幸盛」の名が出てくるのは家督を譲ったことが関係している可能性はないだろうか。すなわち、兄・甚太郎國貞は弟・甚治郎幸盛に家督を譲ったものの、落城と共に幸盛は尼子氏復興を目指して暗躍を開始した。懸命の努力に拘らず、最後は殺略された。残された山中家は毛利家の迫害を恐れて、逃亡生活を強いられた。

尼子家滅亡により家臣は即浪人の身である。あるものは自らの家を守るために、毛利軍であろうとどこであれ、仕官の道を探したに違いない。そうすることは当時の兵《つわもの》にとって何の抵抗もなく許される行為でもあった。

甚太郎幸高は生来病弱の身であり、仕官の願いは閉ざされた可能性は高い。人生の無常を身に染みて経験した幸高は、國貞と名を変えた。それが正覚寺家系図にでてくる山中甚太郎國貞ではないか。

幸盛が殺害されたのは、天正６年（１５７８）のこと。正覚寺家系図に出てくる幸盛の後継者は山中善九郎幸重と続く。幸重は天正19年（１５９１）に安芸国広村に移住と記録されている。一旦は幸盛に家督を譲ったため、家系図には名前を載せる。しかし幸盛が亡くなった以上、國貞の子供である幸重が家督を継いだのである。しかしながらやはりこの考察は少々無理があるように思える。

③人気にあやかる

「池田甚治郎のち山中鹿之介」と正覚寺家系図には記されている。なぜ幼少名は池田甚治郎なのか。鹿之介の幼少名が池田甚治郎と記されていることは『陰徳太平記』にも出てくる。正覚寺家系図の後半部分は江戸中期頃に加筆された可能性が高いことから、後半部分の家系図に加筆した著者はこの『陰徳太平記』を読んでいた可能性もある。だから鹿介ではなく鹿之介と記した。となれば単に同姓であることを理由に、有名人・山中鹿之介幸盛の名前を挿入した可能性もある。

④鹿介出自の一考察

尼子家再興のために、これだけの行動力、結束力、忍耐力を発揮できるとは、並の人間の能力を遥かに超えている。超人的でさえある。これら活力の源泉はどこに求めるべきであろうか。彼自身のすぐれた情報収集能力はもちろんであるが、一人の能力には限界がある。

鹿介を陰で支えた「透波《すっぱ》」の存在が考えられる。正覚寺家系図の山中氏が、鈴鹿山中で甲賀武士から教わった諜報活動の技である。すなわち、鹿介とは行動を直接共にするのではなく、先回りをして事前のおぜん立てや情報収集をする役割を正覚寺山中氏は担った。彼らはけっして表舞台に登場することはなく、あくまで鹿介の影として行動をした。

血縁関係はないものの、いわば鹿介という人物と表裏の関係で行動を共にしてきたことから家系図に記載したとも考えられる。

(3) 尼子家再興計画：山中鹿介幸盛の奮戦

話をもとに戻し、鹿介らの尼子氏再興をめざした奮闘記録を振り返りたい。大きく分けて3回の奮闘期に分けられる。ここでの疑問は、なぜここまでして鹿介は、尼子家再興に情熱を燃やしたのか、である。鹿介といえども致命的な失敗を犯している。一つは富田城奪回のチャンスがありながら、同志を救うためにそのチャンスを棒に振ってしまったこと。あと一つは、追い詰められていたとはいえ、あの信長を信じてしまったこと、である。尼子家再興という信念は揺らがなかったが、人の心理は移ろいやすい。尼子家再興のあとのわが身の立身を夢見たのであろうか。あるいは策略家毛利家への怨念であろうか。

尼子家再興という夢をひたすら追い求め、一途な行動を継続することにより、徐々に自らの選択肢を狭めていき、気がついた時にはすでに後戻りできない状態に陥ることはよくある事例。すなわち墓穴を掘った可能性はないだろうか。尼子家再興が最終目的であるならば、場所と時間の選択に融通を利かせることも選択肢の一つとなりうる。

①第一次再興運動[48]（1568〜1571年）

１５６８年、鹿介は立原久綱、熊谷新右衛門ら尼子諸浪人と京都の東福寺を訪問。尼子国久の子、誠久の遺児・五男勝久を還俗させ尼子氏の旗頭にするためである。そのうえで、出雲国侵攻の機を窺った。１５６９年、絶好のチャンスが巡ってきた。毛利輝元が大友氏を征伐するため、軍を北九州へ派遣したのである。

京都から但馬経由で隠岐にわたり、そこから松江・美保関の千酌浦《ちくみうら》に上陸し、かつての居城・月山富田城を攻撃すべく、末次城を拠点として10カ所を超す支城を築いた。狙いは富田城の孤立化である。

7月中旬、わずか二百余人の兵力と手薄になっていた、月山富田城の攻略にとりかかった。城に立て籠もる毛利軍の兵糧は底を尽き始め、城内から投降者がでるなど鹿介らは優勢であった。しかし毛利本隊が九州から引き返す前に、なにがなんでも城を奪い返すことが必須条件であった。

ところが、想定外の事件に巻き込まれ、時間の浪費を余儀なくされた。まず、隠岐の隠岐為清の反乱である。鹿介らは鎮圧のため美保関に出陣した。思いのほか苦戦し、逆に鹿介は危うく一命を落とすところであった。美保神社にたてこもり、幸い味方の援軍が駆け付け助かった。

次に、石見国にいた尼子再興軍が毛利軍により苦戦を強いられているとの報[49]を聞き、城攻めを一旦中止し、石見に駆け付けた。結果論であるが、返す返すもこの判断は間違ったものとなる。あの堅牢な月山富田城を奪還していれば、その後の戦い方は違ったものになった可能性がある。数少ない同志の危機を聞いて、駆け付けたい心情は理解できるが、目的達成のためには時には非情になる必要がある。それが戦国の世の習いである。

その頃、大内輝弘の反乱の報を聞いた毛利輝元は北九州から周防国に引き返し、反乱軍を鎮圧した。その足で吉田郡山城へ帰還した。尼子再興軍を討つためである。１５７０年、尼子方の諸城を攻略しながら富田城へ陣を進めていった。

1571年、末吉城で籠城戦を繰り広げた鹿介は負け、吉川元春に捕らえられたが、運よく脱出できた。

②第二次再興運動（1573〜1576年）

隠岐国・但馬国と潜伏しながら、因幡国の桐山城を攻略し拠点とした。山名氏再興を願う山名豊国を味方につけ、1573年、鳥取城を攻略した。その後勢力を3千余りに拡大し、東因幡一円を支配したが、山名豊国の寝返りに遭い、鳥取城を手放した。

拠点を失った鹿介は、ますます不安定な状況下にありながら、因幡国内で毛利軍と交戦した。その一方で、美作三浦氏や備前国の浦上氏、豊前国の大友氏などの反毛利勢力と連携を図るとともに、密かに織田信長配下の柴田勝家と連絡しあい、体制の立て直しに努めた。

しかし、この間に但馬国山名祐豊は毛利氏との間に和睦を成立させてしまう。このため鹿介は、但馬・播磨へ向かう山間交通路の結節点に存在する、若桜鬼ヶ城を攻略しここを拠点にした。

１５７５年、吉川元春と小早川隆景は、４万７千の兵を率いて因幡国へ兵を進めた。尼子軍の奮戦もあったが、織田軍と毛利軍との間の緊張感が高まったこともあり、毛利軍は因幡国から一旦撤退した。ところが、反毛利勢力の三村氏の滅亡、浦上氏の衰退、美作の三浦氏が毛利氏に降伏するなど、因幡での後ろ盾を失った鹿介は完全に孤立してしまった。

③第三次再興運動（1576〜1578年）

因幡国を撤退した鹿介は、織田信長を頼り、京へ行く。信長に認められた鹿介は明智光秀の軍に加わり、専ら但馬・丹波・播磨で戦っている。播磨で羽柴秀吉の配下となり、毛利の拠点である上月城を攻略。１５７８年、宇喜多軍の将・真壁次郎四郎が３千の兵で上月城に攻め込んできた。城番を務めていた鹿介は、わずか８００の兵で宇喜多軍を夜討ちし、敵将を討ち取っている。

同年、三木城の別所長治が信長に反旗を翻し、毛利氏に味方した。この機を捉え、吉川元春・小早川隆景は３万の兵を引き連れ、播磨に進軍した。そして鹿介が籠もる上月城を包囲した。秀吉は援軍に向かったが、信長は姫路の書写山まで後退するよう命じている。孤立無援となった上月城は、兵糧も底を尽き、毛利軍に降伏した。信長の冷徹さが際立つが、戦国の世の常とはこうしたものなのか。そうでなければ、戦国の勝者にはなれないのであろう。

尼子勝久は切腹、幸盛と立原久綱は捕らえられ、人質となった。吉川元春は鹿介を生かしておいて、織田信長との決戦で利用しようとした。鹿介らは備中松山城にいる毛利輝元のもとに連行されることになる。このとき、護衛についたのは吉川元春・小早川隆景の配下の者ではなく輝元の配下の者たちであった。おそらく輝元の差し金によるもので、輝元の決断は明らかであった。備中国の渡（現岡山県高梁市）河原で山中鹿介は生涯を閉じた。1578年のことである。

山中鹿介の毛利軍相手の戦いはほとんどが負け戦であった。しかし善戦した。その当時、すでに戦の主流は矢や鉄砲による一斉射撃と槍部隊による攻撃によって、大半の戦では雌雄が決していた。尼子残党をかき集めて巻き返しを図るのは多難である。それでも一時、出雲国の半分程度を取り返している。しかしながら短期決戦であれば話は別であるが、長期決戦となれば、十分な資金・兵站・兵士がそろわないと戦いを有利に導くことはできない。やがて敵の本格的な反撃が始まる。

富田城落城から足掛け12年に及ぶ戦いを繰り広げた。途中からはゲリラ戦法に切り替えざるを得なかった。最後は、毛利軍といずれ対決するとみた織田信長を頼った。信長にとって、残る敵は毛利軍と大坂本願寺のみである。信長は、毛利軍攻撃の尖兵として利用できると考えたであろうが、決して山中鹿介を信用はしていなかった。鹿介にしてみれば、敢えて織田信長を頼るしか道は残されていなかったのであろうか。

鹿介は、近江の安土城[50]まで出かけ、信長に謁見している。安土山に築城中の安土城は絢爛豪華かつ独特のいでたちを見せ始めていたであろう。鹿介はこの城をどのような思いで見たことであろう。

注

35　後述毛利元就の項、参照。

36　不入の特権：守護使が検断権の行使や守護益などを課するために入部することを禁止すること。幕府や守護が領主の一円支配を容易にするための特権として領主に与えた。

37　新宮党の特徴：月山富田城の東北にある新宮谷にあったことから新宮党と名付けられた。その特徴は次の通り。①武族的結合、②比較的小地域を中心に結合、③始めは同族を中心に形成。南北朝時代には一族一揆という地域連合に変質。それでも同族的な意識は残存し、結束。④党の構成員は比較的対等な関係。惣領の統制力はゆるやか。

38 美保関：古くから海関の置かれた地で、室町期には朝鮮・九州・北陸への船の寄港地、近世では西廻り航路の風待ち港として繁栄した。また美保神社の鳥居前町でもある。美保神社本殿は比翼《ひよく》大社造（美保造）と言われ、国の重要文化財。山中鹿介もこの神社付近で戦い、危うく一命を落とすところであったが、神の加護により救われた。

39 御師：祈禱に従事する身分の低い神職または社僧。

40 尼子十騎：松田、三刀屋、赤穴、牛尾、高瀬、神西、熊野、真木、大西、米原。

41 国人：在地の武士。特に、南北朝から室町時代にかけて、諸国の在地領主の一般的呼称となり、国衆などを含めて言う。任命されてから外からくる守護に対する語。

42 軍役基準：主君と家臣の私的で日常的な支配・奉公で形成されるものではなく、公的な軍事動員を受けたときの対外的な場における必要性から形成されるもの。

43 国並奉公：「国並」は、一国共通して採用すること。守護や戦国大名の命令に対して自分だけを例外とするのでなく、他の人々と同等の奉公をすること。

44 松江城：国宝松江城のあるこの地に、山中鹿介等再興軍が毛利氏に乗っ取られた月山富田城を攻撃するために、末次城を築城した。この城を拠点として富田城周辺に10カ所の支城を築いた。一説では、現在国宝松江城がたつ地に末次城があったとされている。この地に立つと、山中鹿介が築いた末次城に思いを馳せる。鹿介にとって、十分な財力・人力はない状況で、どのような城を築城したのであろうか。

45　新宮党党首尼子国久：国久は尼子経久の次男。経久は出雲国人懐柔策の一環として、国久を出雲吉田荘の吉田氏に養子として送り込んだ。新宮党は月山富田城の東北にある新宮谷にあったことから名づけられた戦闘集団。その頭領が国久。新宮党は西出雲一帯（吉田氏・塩冶氏の領地）を直轄し、出雲において晴久をも凌ぐ影響力を持っていた。

46　尼子勝久：尼子経久の次男国久（新宮党党首）の子、誠久の遺児。

47　山中幸久：尼子持久の次男。兄は清定。兄清定の殺害を諮ったことが発覚し幽閉され55歳で死去。山中幸久の墓と伝承される石碑があるが、詳細不詳。

48　第一・第二・第三次再興運動の記載内容は「フリー百科事典　ウィキペディア」に基づく。

49　情報：毛利氏と大友氏との戦の戦況、石見攻撃戦況やゲリラ戦法のための現地情報など、正確で適切な情報を入手して鹿介のもとに送り届ける「透波《すっぱ》」役が存在したと思われる。それが山中貞光、國貞らの任務であった、と推定したい。

50　安土城：現在、安土山の麓に安土城天主信長の館が建っている。スペインセビリア万博に出展された安土城天主の最上部５・６階部分の復元が、最上部大屋根を増設して、展示されている。いにしえの雰囲気を味わうことができる。

ワンショット・メモ　山城の雄、月山富田城の生命線の要　美保関あたり

尼子氏の急激な盛衰の歴史を知るうえで、海運の果たした役割は大きい。月山富田城にとって、この重要な水運拠点である美保関を支配下に置くことが絶対必要条件となる。この地ににらみを利かせる意味でも尼子十騎の最重要拠点である島根半島に位置する白鹿城の果たす役割は大きい。

１５６３年、白鹿城の戦いにより毛利軍は白鹿城を奪い取った。富田城と島根半島方面の連絡や補給路を断たれた尼子軍は富田城に籠城を余儀なくされ、１５６６年富田城は落城した。

興味深いことに、かつて毛利元就が月山富田城の尼子軍を攻略した戦法を、攻守変わって、山中鹿介ら再興軍が毛利軍のいる富田城を攻略する際に、同様な戦法を取っている。すなわち、まず美保関を押さえることを優先課題としたのである。

隠岐の島から島根半島に上陸し、忠山に陣を構えた再興軍は、元就が白鹿城をまず落としたように、鹿介らは新山城（かつてあった白鹿城の向城）を落とした。そのうえで末次城を築き、そこを拠点に月山富田城を取り囲むように十余カ所の支城を築いている。

美保神社

えびす様の総本社。大社造りを２棟並べて装束の間でつないだ特殊な造りで「美保造り」と呼ばれている（国の重要文化財）。

右殿：事代主神《ことしろぬしのかみ》
海上安全、大漁満足、商売繁昌、歌舞音曲、学業の神様

左殿：三《み》穂《ほ》津《つ》姫命《ひめのみこと》
五穀豊穣、夫婦和合、安産、子孫繁栄、歌舞音曲（音楽）の神様

美保神社の鳥居町：美保関

美保関は島根半島の東端に位置し北は日本海、南は美保湾・境水道・中海に臨み、古くから海関が置かれていた。室町期には朝鮮、九州、北陸への船の寄港地であった。近世には西廻り航路の風待ち港として繁栄した。また美保神社の鳥居町として栄えた。鳥居の前方には美保湾が広がる。日本海に面した千酌・片江なども天然の良港として知られる。

松江城（国宝）

現在の松江城が位置する場所に末次城を築いて、ここを拠点にして尼子再興軍は雲州侵攻を展開した。一時は出雲国一円を支配する状態にまで、勢力を拡大させた。

隠岐爲清の反乱（美保関合戦）

尼子再興軍の出雲上陸に協力するなど好意的であった隠岐爲清は、1569年10月、突如として反旗を翻し、美保神社付近に本陣を構えた。この乱を鎮圧するために山中鹿介らは美保関へ進軍した。再興軍は、一時的とはいえ、全滅に近い危機に陥った。鹿介らは美保神社に逃げこみ、裏山に潜んだとされている。

再興軍の援軍到着により、戦況は一転し、爲清は隠岐国へ逃げ帰ったが、本陣にいた四百余人もの兵士は捕虜となった。捕虜助命のため、爲清は切腹する形で終結した。

この反乱により鹿介等の富田城攻めは中断した。加えて石見国の再興軍が毛利軍により苦戦を強いられているとの情報を得たため、援軍派遣のため時間の浪費を強いられた。もう少しで富田城奪回の状況（城内に籠城する毛利軍はわずか二百余名）にありながら、思わぬ事態に巻き込まれて、九州から引き返してきた毛利軍主力と戦うことになった。

第４章　安芸国賀茂郡津江村と正覚寺

【山中善九郎幸重　天正十九年広村に住む　慶長十八年四月卒　法名祐覺】

月山富田城落城から25年後あるいは山中鹿介憤死から13年後の１５９１年、山中善九郎幸重は、突然、安芸郡広村に姿を現した。いまだ牢人の身であろう。この間、どこでどのような生活をして生き延びたのであろうか。おそらく尼子家再興のため、鹿介と行動を共にしたであろう。疑問は、何故、山中善九郎は広村に姿を現したのか、である。毛利支配の安芸国とはいえ、当時、広村あたりは反毛利の雰囲気が残っていた。呉衆は大内軍配下で毛利軍と戦った。また、かつて東西条あたり一帯は大内氏の所領であった。

1　山中幸重の決断

山中幸重は鹿介と共に尼子氏再興のため最後まで戦った。幸重は山中鹿介のあの超人的な行動力を陰で支えていたのである。幸重は諜報活動のため鹿介とは行動を別にしていた。これが幸いし生き延びることができた。鹿介亡き後も、普段は農業や行商などをして、相変わらず情報収集活動に精を出していた。世の中はいまだ激しく動いていたからである。

戦国の乱世は、織田信長により終止符が打たれると思われたが、1582年、本能寺の変で信長はこの世を去った。信長の後を継いだ豊臣秀吉は、全国統一に向け、最後の仕上げにとりかかる。そして、小田原征伐をもって、ついに全国統一を成し遂げた。1590年のことである。日本における土地争奪戦はひとまず幕を閉じたことになる。

(1) 豊臣秀吉の政策

①太閤検地

日本統一を前後して、秀吉は征服地を確実に掌握するためにいろいろな策を講じていく。1582年から1598年にかけて実施した太閤検地により、従来の複雑な土地関係を整理して、新しい土地所有管理体制を作った。すなわち一元的な領主と農民との関係を確立し、純粋な封建制度を樹立した。太閤検地により、小農民の自立を促し、石高を正確に把握できるようにした。また兵農分離を推進する布石とした。

②刀狩り

１５８８年には刀狩令を発布し、民衆の武装解除を促進させた。もっともこの刀狩りの実施には多くの例外措置が設けられたため、様々な名目で農民や民衆のあいだに刀・鉄砲をはじめ多数の武器の保有が温存された。

秀吉の太閤検地・刀狩りの眼目は、家康により完成をみる。身分制・幕藩体制を堅持するために、１６３３年、鎖国令[51]を発布した。ついに６００年以上続いた「兵どもが夢」‥土地取り合戦は終止符を打ったのである。加えて身分制度制定のため、人の自由な移動には大きな足かせが嵌められた。職業の選択の自由もほぼ不可能となった。中でも山中幸重を震撼させたのは秀吉の牢人対策に関する一連の措置である。

③牢人[52]取締令

１５９０年、秀吉は6人の奉行人連緒による牢人禁止令を出した。すなわち全国規模で牢人対策を徹底していく旨表明したのである。ついで翌年、牢人取締令を発布した。戦国時代の終息とはいえ、戦いは勝者がいれば敗者がいる。たちまち敗者の多くは牢人となり路頭に投げ出された。

社会は、善人も悪人も抱え込んだ状態で、あたかもコマのように激しくまわっている。善人も悪人も弾き飛ばされまいと必死でコマにしがみついている。しかし激しくまわっているそのコマから、善人・悪人問わずスピンオフされたものが、すなわち牢人＝いかがわしき人物になるのである。牢人を見る社会の目・態度は罪人扱い同様であった。

〝多くの牢人は歴史の闇に消えていった。世に知られることなく、歴史の舞台から姿を消した。数え切れないほどの人々を、非正規身分の武士として各地を浪々としなくてはならなかった。〟渡邊大門『牢人たちの戦国時代』

⑵ 山中幸重の決断

山中幸重が1591年に広村に現れたのは偶然ではない。前述のような情報をしっかりと収集して分析したのであろう。そしてこれから世の中どのように動いていくかを思案したに違いない。自分や家族の生活がかかっている。もはや遠方への移動は危険が伴う。その結論が広村あたりへの移動であった。その地で商売でも始めようと思ったのか。

いずれ、憎き毛利は豊臣方につき、徳川の東軍と天下分け目の戦いをするに違いない。

どちらが天下を取るのかわからない以上、静観するしか方法はない。一方、社会の体制のどこかにしがみついていなければリスクが大きすぎる。動けるのは今しかない。このように思ったのであろう。

(3) 安芸国賀茂郡広村（現広島県呉市広）

室町・戦国時代の広村の概況に触れておきたい。広の地名は、黒瀬川河口の沖積干潟が干潮時に現れる状況を指す干呂《ひろ》（乾いた荒れ地）から生まれた模様。当時、広浦と呼ばれており、賀茂郡に所属していた。当時の広に関係する大きな戦いは二つが記録されている。

①安芸国大内氏拠点攻防戦（1521～1527年）

尼子経久は毛利家当主・毛利幸松丸の後見役である毛利元就を利用して、大内氏の安芸支配の拠点である安芸西条の鏡山城を攻略させ、一時は大内氏を圧倒した。これに対し、大内義興は安芸や石見に出兵して尼子軍・毛利軍と戦うが戦果は上がらなかった。

広郷土史研究会は次のように記している。〝賀茂郡広浦は戦国時代に2度大きな合戦が行われる舞台となった。1度目は、1521～1527（大永2年～同7年）。安芸国賀茂郡は東西条と呼ばれる周防国山口を本拠とする大内義興の分国（支配地）であったが、出雲国富田を本拠とする尼子経久に大永3年6月、東西条[53]郡の郡代が拠る鏡山城（東広島市西条）を攻め落とされ、それを奪い返そうとする大内方との5年間に及ぶ合戦があった。この時、呉衆は大内氏に味方して戦った。〟おそらく尼子軍家臣である山中貞光はこの戦いに加わったであろう。

②厳島の戦いとその前哨戦（1551〜1555年）

陶晴賢《すえはるかた》は天文20年（1551）、西中国から北九州に至る地方を支配する大内義隆に反逆を企て、権力を奪取した。これを好機ととらえた毛利元就は安芸・備後に触手し始めた。天文24年（1555）、石見国津和野の吉見《よしみ》正頼《まさより》追討への参陣要求を晴賢は出したが元就は拒否。これを契機に、公然たる武力衝突が開始された。

決戦場となったのが瀬戸内水軍の要塞である厳島。陶軍2万余り対毛利軍3千余りと数の上では圧倒的に不利であったが、元就は荒天に乗じた奇襲攻撃で陶軍を壊滅させた。

再び広郷土史研究会のレポートを引用したい。

〟2度目は1551〜1555（天文20年〜同24年）。安芸国吉田を本拠とした毛利元就と周防国の陶晴賢との争いに、陶方に味方した呉衆は、厳島方面に出陣した毛利方の背後を牽制するため、黒瀬衆（現呉市郷原）の要害に陣取った黒瀬衆を援護するために、広浦沿岸に築かれた砦、丸子山城・城ヶ鼻城・淵崎山城・明磯鼻城《めいそうのはな》にたてこもった。しかし天文23年10月、小早川水軍の金山右京進の警護船によって広湾は封鎖され、黒瀬要害（岩山城）は、毛利方の出羽民部大輔・福間彦十郎の軍勢によって攻め落とされた。

呉衆桧垣氏は、この陶方の敗戦で広浦の所領を失う。この後天文24年9月末日の厳島の合戦で、毛利元就は陶晴賢を打ち取り芸備両国の覇権を握った。以後、１６００年（慶長５年）関ケ原の合戦まで、広浦は毛利一門の小早川家によって支配され、近世の幕開けを迎える。〃

(4) 呉衆桧垣氏

呉衆は安芸国呉浦を中心とした地形に形成された氏族連合体で、大内氏の安芸国における直属水軍「三ヶ島衆」の一角を占めた。三ヶ島衆とは能美島の能美衆、蒲刈島の多賀谷衆、そして呉衆のことである。呉衆とは警固屋氏、桧垣氏、宮原氏たちが組織した在地豪族群のことである。しかし天文23年（１５５４）の毛利氏の反乱の際にも大内方に味方したため、本拠地を毛利方に占領されて連合も崩壊した。

『芸藩通誌』は次のように伝えている。〝桧垣肥前守は呉周辺の小領主連合・呉衆の一角を占めた桧垣氏の有力者、もしくは現在の呉市阿賀にあった龍王山城の城主として『桧垣肥前』の名が伝えられている。天文23年（1554）、小早川氏奉行人の末長景道や乃美宗勝らが金山右京進に賀茂郡広浦の内の百貫文の地を打ち渡した。その際の書状に、旧藩主の一人として呉衆・山本四郎賢勝や一族の桧垣淡路守らと共に桧垣肥前守の名がみえる。〟

正覚寺家系図によると、山中善九郎幸重が広村に定住（1591年）してから、一族の子女の嫁ぎ先として、桧垣氏の名がたびたび登場している。嫁ぎ先の場所は広村や郷原村である。呉衆桧垣一族の子孫であろうか。

2 山中祐澄の覚悟　草庵建立

正覚寺家系図は山中善九郎幸重から以下次のように続く。

6　山中善九郎幸重　慶長18年4月22日卒（1613年）
天正19年（1591年）廣村に住む

7　山中治兵衛幸政　寛永19年8月15日卒（1642年）
妻　寛永15年6月7日卒（1638年）

8　山中治兵衛祐盛　寛文6年3月16日卒（1666年）
妻　廣村中畝庄左衛門の妹　寛永4年1月12日卒（1627年）
女子　郷原村　桧垣次郎右衛門の妻

9　山中弥兵衛祐重　享保4年1月12日卒（1719年）
妻　郷原村　桧垣次郎右衛門の子女　寛保2年5月26日卒（1742年）
長男　祐家　寛文3年（1663年）分家　屋号：枡屋
次男　祐長（のち白石九左衛門）享保12年正月卒（1727年）
三男　祐親（のち小尾八良兵衛門）正徳5年12月29日卒（1715年）

10　山中次左衛門重益

女子　廣村　多賀谷兵右衛門の妻

女子　廣村　意左衛門の妻

女子　安芸郡　瀬戸保次右衛門の妻　元文4年8月8日卒（1739年）

長男　次右衛門（のち喜右衛門）盛政　宝暦4年3月1日卒（1754年）

　郷原村　桧垣正兵衛へ養子

女子　壽嘉　元禄7年10月16日卒（1691年）

女子　世志　元禄2年11月5日卒（1692年）

女子　廣嶋　桧山半九郎の妻　正徳2年1月14日卒（1712年）

11　山中時次三右衛門祐澄　のち　法体《ほったい》号[54]　祐玄

妻　安芸郡宮原村　ヲキ太郎右衛門の子女

女子　安芸郡呉浦新庄　市郎右衛門の妻

女子　喜左　郷原村　杵垣利兵衛の妻　明和9年6月14日卒（1772年）

　母は西条原村三郎丸の女　生後離縁

女子　左加　津江村　松田庄代の妻

女子　穂野　　　　　卒
廣嶋御家中　山田緘之進君の側室　同苗九十九君の母
長男　金十郎裕孝
松宝拂屋　母の安芸郡宮原村ヱキ太郎右衛門
同方より分家し屋号ヱキ屋と名乗る
次男　万次（のち万兵衛）祐昭
廣嶋平田町へ分家　屋号松本屋

家系図は残念ながらここで終わっている。幸重以降の正覚寺家系図はおそらく１７７５年から１８７０年頃、家系図の最後に名前が出てくる、祐澄が加筆したものであろう。

(1) 山中善九郎幸重

正覚寺家系図によれば、山中鹿介幸盛の次に名を連ねるのは山中善九郎幸重である。天正19年（１５９１）、広村に住んだとある。慶長18年（１６１３）卒。山中甚太郎國貞の子が善九郎幸重だと仮定すれば、鹿介幸盛の生まれは１５４５年頃と推定されているので、年代的には符号する。

山中幸重は尼子氏家臣であった父親國貞あるいは祖父貞光から、東西条《ひがしさいじょう》郡の鏡山城攻撃（1523年から1527年）の話を聞いていたであろう。そして1551年から1555年にかけて繰り広げられた毛利元就と陶晴賢との戦いで、陶晴賢に味方して戦った呉衆や黒瀬衆のことを耳にしていたに違いない。これらの情報が幸重を広村に向かわせた。[55]

幸重から数えて6代の時は流れた。すでに江戸時代中期である。人の身分は固定され、移動も厳重に管理された管理社会である。

⑵ 正覚寺

1 山中祐澄の決意

山中祐澄は法体《ほったい》して僧となり正覚寺祐玄と名乗る。正覚寺家系図は祐玄を最後にして以降の記録が途絶えている。従って、正覚寺家系図の山中幸重以降は、祐玄が加筆したものと想像できる。江戸時代中葉の1750年から60年頃のことであろうか。

山中家11代当主（箕田家から数えて32代目）山中時次三右衛門祐澄は悩んでいた。徳川幕府はわが世の安泰を願うため、世界でも珍しい社会支配のしくみを作り上げた。身分制に基づく幕藩体制である。そしてこのしくみを強く補完するものとして鎖国政策を敷いた。対外的には渡航の禁止、交易の極度な制約、宗教自由の禁止などである。対内的には身分制（士農工商）の固定化、職業選択自由の禁止、人の自由な移動禁止である。

山中祐澄は、箕田家・山中家の家系図を見ながら、ため息をついたに違いない。京の都から東国に移り住み、己の才覚で在地領主となり小規模ながら武士団を形成した。箕田頼国に始まる箕田家は22代貞世まで続いた。しかしながら、あることから争いに巻き込まれ、生活基盤である領地を追われ美濃国の山中に逃げ延びた。それにも拘らず「兵《つわもの》どもが夢」は捨て去らなかった。再び、己の才覚により、尼子氏の家臣になった。しかし西国の両雄：尼子氏と毛利氏の決戦で尼子氏は敗れた。またもや山中家は生活基盤を失った。

天下統一の兆しが見えてくると、社会のしくみは統制色を強めていった。それに伴い、兵どもが夢は果たせぬ夢と化していく。自らの才覚により、社会を自由に生き抜くことができなくなった。せめて精神的に自立・自敬・自由を得られないものか。いろいろ思い悩んだ挙句、出家の道を選んだ。もちろん祐澄の胸の内にはある種の計算が働いていた。

それにしても、箕田家・山中家の約850年も続いてきた兵どもの生き方の大きな方向転換である。どのように気持ちの整理をしたのであろうか。たしかに兵どもが夢‥土地争奪戦は信長・秀吉・家康の出現により、とりあえず終結した。しかし「兵どもが夢」は本当に土地取り合戦のみを意味したのであろうか。土地はあくまで手段であって目的ではない。真に目的としたのは「自立可能な生き方」ではないのか。土地に立脚した自由な生き方こそ、兵どもが求めた夢ではなかったのか。

①管理社会の江戸時代を生きる

人の移動は極端に制限されて固定化され、人の身分も固定化された。これでは精神的自立を確保することすら厳しい。己の自立・自律・自主・自守を多少なりとも実現できる道はないものか。制約の多い時代にあって、残された選択肢としてどんなものがあるのか。当時、社会現象の一つとして寺院の建立が、原則禁止されたにも拘らず、増えていることに山中祐澄は気づいた。僧侶として歩むことができれば、精神的自立をある程度確保でき、何にも増して、この選択は先祖の無念を、そして無念のうちに散っていった多くの牢人たちを供養することにも繋がる。

②幕府の宗教統制政策

政治的恐怖であったキリシタンを徹底的に弾圧するために、仏教宗派の監視を徹底するために、そして民衆の完全支配を徹底するために、江戸幕府は寺社奉行を創置した。幕政を円滑に運営するために、仏教を保護し、巧みに利用した。すなわち宗門改めの制度[56]と寺請制（寺壇制《じだんせい》）を強化することにより、仏教の御用化を促進し、村々の末端まで監視したのである。

寺請証文[57]を義務化することにより、檀那寺を定め、檀家制度[58]確立の基礎を作った。この制度により戸籍簿の作成が可能になり、加えて民衆の日常生活の変化（旅行、婚姻、死亡、出生、移住、離婚など）には、常に寺請が必要とされるしくみを作ったのである。寺院はこの寺請制度を通じて民衆を支配する政治組織の末端を担うことになる。檀那寺になることによるメリットもそれなりに大きい。事実、寺院の数は増え続け、江戸中期には大小織りなす寺院が50万弱も存在した模様である。

幕府は、五人組制度を巧みに活用することにより、寺請・先祖法要を行わない者は邪教徒扱いした。幕権により、葬式・年忌法要を半ば義務づけた。このことは檀那寺の収入をある程度保証することに繋がる。盆正月の付け届けの慣習化、庶民の唯一の息抜きである縁起・開帳・縁日の流行、１７００年頃からは農民の墓碑をつくる風習も定着するようになり、いろいろ副収入の道も作り上げた。

山中祐澄はこれらの動きに注目した。そして思いを巡らせた。

先祖がひたすら追い求めてきた「兵の夢」は、いずれも夢半ばで挫折した。源蔵人頼国（後箕田蔵人頼国）の夢は、抑圧された願望を充足させるための夢であった。良馬と土地所有を求めて、東国へ旅立った。順風とはいかないまでも、数代かけて「夢」をある程度実現するところまで漕ぎ付けた。

室町時代、箕田武蔵権頭貞世は、時の権力の横やりを受けて、彼の夢は脆くも砕け散った。それでもしぶとく生き延びることにより、実現したい「夢」を叶えることができた。しかし尼子家滅亡により、またもや生活基盤を失い「夢」は頓挫した。

やがて世の動きは徳川幕府による幕藩制国家へと移り変わっていく。士農工商という身分制により、全ての人は束縛されることになる。居住場所の移動、職業の選択の自由は原則禁止となった。この幕藩体制は17世紀末には揺るぎないものとなった。「兵どもの夢」を追い求めることは、もはや極めて困難である。

しかし、今新たな風が吹き始めている。この風に乗ることができれば「兵どもが夢」を追い求めることができるかもしれない。先祖が求めた夢は、物欲に執心したものであったため、夢半ばにして頓挫したのではないか。本当に追い求めるべき夢とは、何ものにも影響を受けない「不動の夢」であるべきだ。物欲ではなく心の安らぎを得るための「精神欲」ではないのか。

出家することは本意ではないが、自然の中に身をおき心の修業を積み、「兵どもが不惑の夢」すなわち己の精神の修行を夢見たい。

２　正覚寺建立

津江村（東広島市黒瀬町津江）にある標高８９０ｍの山：小田山の山頂付近に通称「手水鉢」という巨大な岩がある。この岩の付近に今も枯れることのない清水が湧き出ている。この場所に小さな草庵を結んだと言い伝えられている。それが正覚寺の始まりである。山城よりはるかに厳しい場所に居を構えるとは、よほどの決意・覚悟があってのことであろう。ともあれ、長年、心のうちに温めてきた「禅的生活」を実践に移した。正覚寺祐玄という個人には、やはり兵の血が受け継がれていたのである。

①祐玄の黙想

正覚寺祐玄は時間が許す限り、ひたすら思索に没頭した。そしてある種の結論を得た。

無念や人生の無常を思うのは、己の内に我欲が存在するからではないのか。それを超越し無我の境地に達したとき、一切は存在しない「空」の世界となる。

このようなひらめきが祐玄の胸を突き上げた。やがて祐玄は静かに筆をおいた。もはや書き綴る必要は無用。祐玄は家系図の束縛からも自らを解き放った。

しかしこれで良かったのかという心残りは漂う。祐玄の目指したベクトルに乗り時空の旅をすれば、西行（１１１８－１１９０）、鴨長明（１１５５？－１２１６）、吉田兼好（１２８３？－１３５２以後）たちと邂逅することができる。

今日のように情報ネットワークが発達していれば、先達たちから多くを学ぶことができたであろう。

②廃仏毀釈

時は流れ、江戸末期。世の中はまたもや激しく動こうとしている。正覚寺家にとって直接関わる問題「廃仏毀釈」もその一つである。明治元年（1868）、廃仏毀釈政策が実施された。仏教伝来以来、続いた神仏習合という日本の風習に終止符を打ち、両者の分離を図る宗教政策である。この政策は1874年頃まで続いた。

この運動は、特に地方においては過激な神仏分離が多発した。過激な動きに対し、明治新政府は神仏分離の実施には慎重を期すよう命じた。しかし地方においてはこの御触れが徹底せず、各地の地方官はこの命令を無視して、強硬な抑圧や廃仏策を進めていった。そのため、全国各地の多くの寺が破却、仏像や仏具などの文化財が消滅した。正覚寺家もこの嵐に巻き込まれた可能性がある。

③下山

正覚寺家は山を下り、小田山の麓、松原に移り住んだ。正覚寺伊右エ門あるいはその子貞五郎の代と思われる。自称「手水鉢」あたりに建っていた寺には、釣鐘や仏像が安置されていた。下山するに伴い、仏像は松原の里に建てた小さな阿弥陀堂に、再び安置された。

釣鐘は某寺に引き継がれたとのこと。しかし仏像も昭和の戦時のどさくさに紛れて、盗難に遭った。今は阿弥陀堂も朽ち果て、瓦の破片が散在するのみで、かつての面影を微かに認めるにすぎない。この場所に隣接して正覚寺の墓所がある。最後の後継者である正覚寺薫に至るまで、正覚寺家はこの近くに居を構えていた。

正覚寺家系図には正覚寺の名前が一切出てこない。いつ山中姓から正覚寺姓に変更したのか正確には分からないが、やはり出家した山中祐澄（祐玄）が自ら改称したと考えるのが自然である。

(3) 正覚寺貞五郎の戸籍謄本

日本の現行戸籍謄本の制度ができたのは明治半ばのことなので限界があるが、戸籍謄本を遡ることにより二つの線：箕田氏・山中氏・正覚寺祐玄が加筆した家系図と戸籍謄本、を結び付けてみたい。

正覚寺の戸籍簿謄本で、最も古い名前が出てくるのが、正覚寺伊右エ門である。その伊右エ門の長男が貞五郎である。貞五郎は安政2年（1855）12月5日に生まれ、昭和2

年（１９２７）８月17日に72歳の生涯を閉じている。一男五女に恵まれた。これより古い戸籍は日本の役所には存在しない。

貞五郎の長男亀太郎は明治９年（１８７６）１月27日に誕生、昭和７年（１９３２）10月23日に死去。私の祖母ツマは明治28年３月９日生まれ。第五女として誕生している。亀太郎の長男薫は明治41年（１９０８）６月30日に生まれている。しかし20歳を前に他界した。

残念ながら、正覚寺家系図と戸籍謄本を繋ぎ合わせても、約60年間の空白が生じてくる。この空白期間を埋めてくれたのが、祠が建っていた正覚寺の墓所であった。

⑷　正覚寺墓所

墓所には伊右エ門、貞五郎、亀太郎、薫の墓がある。そしてそれらとは別に宝篋印《ほうきょういん》塔《とう》[59]３基などが現存する。この３基こそが系図の空白部分を埋めてくれると確信する。すなわち、一つ目は正覚寺祐玄の墓、二つ目は後を継いだ子の墓、三つ目が祐玄の孫の墓である。それから戸籍謄本に出てくる正覚寺伊右エ門へと続く。伊右エ門は安政４年（１８５７）８月24日卒であるから、家系図記録から察するに、祐玄は、１７７０年代後半から１８００年代初期頃まで生きていたと推定できる。伊右エ門は何歳まで生きたかわからないが、おおよそ１７５０年から１８５０年までの１００年の期間を３基の宝篋印塔で埋めることができる。１基は祐玄のもの。残り2基でおよそ60年から70年を担うことになり、時空的にも十分整合性のとれるものである。

およそ千年の歴史を刻んだ箕田家22代、山中家11代、正覚寺家６代、合計39代が連続して一本の線として繋がった。歴史を追いながら、先祖の行動に思いを馳せるとき、数々の苦境に遭遇しながらも見事生き抜いたことに対し、称賛を送りたい。

戦いに明け暮れ、敗者になることの方が圧倒的に多かっただけに、生き抜くことへの困難さが目に浮かぶ。それでも生き抜いた。関東武士として自立の生活を営んでいた先祖は、社会的ステータスとしての、そして生活基盤としての土地を奪われ、放浪し、ふたたび武士となり、またしても浪人の身を余儀なくされた。

やがて社会と身分の固定化に伴い夢を失いかけた。しかし先祖の洞察力は鋭い。自立と自尊を求めて僧侶となった。ふたたび夢を追い求め始めた。

(5) 正覚寺家系図

1　正覚寺祐澄

2　正覚寺○○○

3　正覚寺○○○

4　正覚寺伊右エ門　安政4年8月24日卒（1857年）

5　正覚寺貞五郎　安政2年12月5日生（1855年）
昭和2年8月17日卒（1927年）

妻リエ　佐渡谷彦三郎四女　安政1年9月20日生（1854年）

長男亀太郎　明治9年1月27日生（1876年）

長女ヒナコ　明治14年10月2日生（1881年）
南佐太郎次男壽一と結婚

次女ハルヨ　明治19年1月18日生（1886年）

三女ヨシノ　明治21年7月7日生（1888年）
四女ジュン　明治24年7月9日生（1891年）
五女ツマ　明治28年3月9日生（1895年）

6　正覚寺亀太郎
妻トヨ　明治6年1月27日生（1873年）
　大正15年9月15日卒（1926年）
長男薫　明治41年6月30日生（1908年）
　昭和3年5月26日卒
長女ハツヨ　明治38年3月8日生（1905年）
　咲野栄太郎と結婚

⑹ 家紋

正覚寺墓所には家紋が刻まれている。隅切り角の蔦あるいは亀甲に蔦である。隅切り角に蔦は広島県の林原氏が使用しているとのこと。亀甲に蔦は出雲大社、厳島神社、香取神社などの神紋として使われているほか、出雲地方に多く見られる由。また蔦の家紋は清和源氏流の家系で多く使われているとのことで、この家紋は日本十大家紋の一つでもある。

恐らく、月山富田城の尼子家の家臣であった頃、出雲地方に多く見られた家紋をヒントにして、当時の山中家が創作したものであろう。

注

51　鎖国令の内容：①キリシタンの禁圧、②交易：長崎１港に限定したうえでオランダ・中国・朝鮮（対馬経由）の来航貿易を許可。当初はスペイン・ポルトガルとの貿易、来航のみ禁止していたが、後半においては右記３カ国を除いてすべて禁止とした。③対外交通の禁止。

52　牢人（中世以降に限定）：主家を離れたり、失ったりした武士をいう。戦国時代から関ヶ原の戦い、大坂の陣にかけて、諸大名は戦力の充実を必要とした。当初は、牢人には主を選び、すなわち自分の力量を十分に認めてくれる主人、将来性のある主人を求める選択の余地があった。したがって仕えている主人に見切りをつけ、進んで牢人になる者もあった。しかし天下統一以降すなわち戦争のない時代になると、諸大名は譜代の家臣の生活を優先させるために、新参者は優先的に人減らしの対象になった。また徳川幕府の大名とり潰し政策は、約50万人の牢人を輩出したと言われている。社会不安の一大要因となった。

53　東西条：南北朝・室町時代、東条・西条を中心とした地域は東西条と呼ばれた。大内氏の所領に組み込まれる。大内氏の安芸国における勢力伸張とともに東西条の範囲も拡大し、備後国世羅郡に属した豊栄町の一部や沼田新庄に含まれる河内町、豊栄町の一部を除く大部分と呉市の一部、安芸郡熊野町域にまで広がった。

54 法体：出家して剃髪した姿。僧体。

55 山中幸重のおもわく：いずれ毛利は安芸国からいなくなる可能性がある。その折には仕官の道が開けるかもしれない。

関ヶ原の戦いでは毛利は西軍総大将として参戦。大坂夏の陣では東軍についた。このため大名の取り潰しは免れたものの、120万石の大大名から36万石の大名になり防長2国に削封された。しかし、代わって安芸国には福島家、続いて浅野家が入城した。家康の天下統一により、世の仕組みは急激に変わろうとしていた。しかも、どこの大名も家臣の人員過剰に頭を悩ませていた。

56 宗門改め：江戸幕府がキリシタンを禁圧することを標榜して設けた制度。宗教統制、民衆統制や戸籍制度としての意味を持っていた。

57 寺請制と寺請証文：特定の寺院が特定の家（檀家）の葬祭を永続的に担当して布施を受ける寺壇制度を基礎とする。特定の寺僧へ布施を行う檀那は仏教の成立以来みられるものであるが、公家や武家に始まった家と菩提寺の関係が、近世初頭に民衆の家が広範に成立すると、これを檀家とすることによって、寺壇関係が一般的に形成された。

寺請証文：宗門改帳（宗旨人別帳）に各人当人に捺印させたうえで、各檀那寺が最後に捺印する寺請形式をさす。

58 檀家制度：特定寺院に葬祭を依頼し布施を行ってその寺院を護持する家。当時の一般農民に

59

とって布施の義務化は決して楽な負担ではなかった。加えて、墓碑を作る風習が一般化してからは、位牌料を現金で負担できず田畑を献上するものもあった由。

宝篋印塔：滅罪や延命などの利益から、追善（死後に供養すること）・逆修（生前にあらかじめ供養をすませること）の供養塔、墓碑塔として、五輪塔と共に多く造立された。形状がシンプルな五輪塔が相続を問わず多くの階層で用いられたのに対して、装飾性の強い宝篋印塔は主に貴顕《きけん》の間で用いる向きがある。正覚寺墓所の墓であれば、僧侶の墓塔として使われる「無法塔」が一般的であるにも拘らず、宝篋印塔を使っている。思いがあったのであろうか。

五輪塔：インドから伝わった五大という概念が元になっているため、宗派によっては梵字が刻まれている。五大とは宇宙を構成する五つの要素とされ、下から地・水・火・風・空を表す五層で形成されている。この五大を五輪として塔にしたのが五輪塔。浄土教では五輪塔を供養することで極楽浄土に行くことができると説いた。それから派生した浄土真宗では、死後すぐに極楽浄土へ旅立つとされているので、五輪の概念と相違があるため、基本的には墓としては用いない。

大平山（小田山）（広島県東広島市黒瀬町津江）

大平山の麓に広がる津江は、安芸国東条郷黒瀬村津江保と呼ばれていた。「保」とはすなわち国衙領を意味する（飯田米秋氏）。

しかし、なぜこの地が国衙領となったのかという疑問が残る。国衙領となるような広大な土地はない。単なる推測となるが、津江の田代や郷原の桑畑で古代製鉄場所と思われる遺跡が見つかっている。このあたり一帯で砂鉄が取れたことと関係しているのであろうか。

大平山（小田山）手水鉢

山の峰を右に沿い、右端あたり下に見える、突き出た手水鉢のような巨岩群。江戸中期、山中祐澄は名を正覚寺祐玄と改め、賀茂郡津江村にある大平山の山頂付近にある、通称手水鉢（年を通して枯れない湧水があった）付近に正覚寺を建立したと思われる。その昔（奈良時代天平年間頃：729〜749年)、同じ場所に「本照寺」が建立された、との伝承もある。

正覚寺先祖合塔

石碑には正覚寺家系図から抜き取った文言が刻まれている。

第５章　兵どもと夢

1 土地本位制：一所懸命

「兵《ひょう》衛《え》府《ふ》」和名は「つはもののとねりのつかさ」である。物語の初代主人公である箕田頼国の家系は宮中・摂関家などを守護する武事に携わってきた。父親である源頼光は自ら摂関家の警護にあたった。祖父源満仲は源氏武士団を束ね鎮守府将軍を務めた。また頼光の嫡男頼国も左衛門尉の官職にあった。しかし社会を支える体制すなわち律令制は限界を示し始めた。その結果、兵《つわもの》一族の出身であるものの、箕田頼国は庶子であるがゆえに、京で生活するにはゆき詰まりを感じるようになる。そこで可能性のある東国に下り、一所懸命[60]、兵の夢を追い求めた。

(1) 土地所有形態の変遷

庶子頼国の夢は、東国に下り、国衙領に勤務する傍ら、自らの領地を手に入れ、良馬を飼い、私製荘園を経営することである。そして一目置かれる「兵」を夢見た。当時にあっては一目置かれる兵とは、良馬を自在に乗りこなし、弓の名手になることである。

土地所有の形態は時代とともに変遷していく。隋・唐に範を得た「公地公民」の思想は646年に実現した。しかし理想と現実の乖離は大きい。この思想の実現には、まず土地の絶対量が不足した。そこで743年に墾田永年私財法を制定し、開墾奨励策を展開するが大規模開拓するには資金を要する。貴族や大寺院などごく限られた階層にしかできない。それにもまして、苦労して開拓した土地が自らのものにならなければ誰も本気で働かない。特に東国など遠隔地においては困難を極めた。荘園の形成と封建制の進展でなし崩し的に衰退していった。

11～12世紀にかけ、地方豪族たちは苦労して開墾した私領を守るため、中央貴族や大社寺にそれらを寄進していった。寄進地系荘園の誕生である。

自ら山野を開墾し、囲い込みを行っていく。領土を外部による略奪から守るため、自ら武装し武力で防衛する。一族郎党で団結し武士団を形成する。あるいは不在地主の荘園を守るために雇用される。地頭から国人へ、そしてやがて守護大名、戦国大名などにより吸収・淘汰されていく。

⑵ 国家機構と土地行政

律令時代は郷里制を敷いた。すなわち国・郡・郷・里である。これらを束ねるのが国家の役割である。国家機能は大和朝廷に始まり、摂関政治・院政へと続く。やがて武士の登場により平家による統治を経由して、源頼朝による鎌倉幕府が成立した。鎌倉幕府は守護・地頭・御家人を地方行政の基本とする。続く室町幕府は守護大名との合議制を基本とした。やがて幕府の衰退とともに守護大名・戦国大名等による下克上・乱世の世となる。

戦国大名の覇者：信長の亡き後、秀吉により全国統一がなされた。太閤検地・刀狩りにより身分制が確立された。ここに土地取得の争奪戦は幕を閉じた。秀吉の後を継いだ徳川幕府は鎖国を実施することにより幕藩体制の保全安泰を講じた。

鎌倉幕府にとっては、土地紛争問題の調停役が主たる業務であった。室町幕府においては、足利義尚あたりまではまだ将軍の権威という睨みは利いていたが、それ以降は徐々に地頭・国人衆・守護大名などが実質土地支配を行うようになり、戦国大名の登場となる。

幕府は一応存在しているものの、アナーキー状態に陥り、土地所有問題は武力による解決へと変化した。江戸幕府は、封建領主制という幕藩体制により、巧みにコントロールした。

しかしながら、その代償も大きかった。日本はこれまで主として大陸から、文字、仏教をはじめとして政治・経済・思想など多方面にわたり、取り入れることにより発展してきた。鎖国という内向き志向は国内の安定確保には寄与したかもしれないが、世界の進歩から取り残された。２５０年という長きにわたる鎖国政策は日本人の物の見方に多大な影響を与えた。世界的視野の狭窄と島国根性を助長し、市民的合理的精神などの発達が妨げられた。

どういう形態の国家であれ、国家機能が果たすべき基本的役割は変わらない。松尾弘氏「日本における土地所有権制度の成立プロセスの特色」から引用したい。〝国家の形成は私人の所有の安全を保障することにあり、国家の統治権力の集権化は所有の安全性を脅かす国内のみならず、外国のリスクからも国民の所有権を保護することにある。〟

国家機構が個人の私的所有権を保護・保障できなくなったとき、その国家機構を消滅させ、新しい国家機構を作る作用が働く。黒船の到来により、明治維新の必然性を松尾氏はこの脈絡に見出す。そして明治政府は日本の土地所有制度を一大転換させた。すなわち、古来国有の性質を備えた土地を民衆の私有に変革したのである。その変革プロセスは松尾氏によると次の通りである。〝①いったん幕藩権力から天皇政権による国家が土地支配権を吸収する。すなわち、大政奉還、王政復古、版籍奉還、廃藩置県、秩禄処分といった一連の処理により新国家に帰属させる。②その土地支配権を、新たに国家が私人に付与する。政府は地券を発行し、その受領をもって地所を所有する証とした。地券によらない売買の買主には地所の所有権がないとした。〟個人による土地所有が可能になった。

幕末を生きた人々は不平等条約など多少のハンデは背負ったものの、列強諸国による植民地化を、かろうじて避けることができた。しかし日本の歴史は語る。土地本位制の本質を理解しないがゆえ、日本は幾度となく侵略する側に寄り添ってしまった。

⑶　国家とは

領土・人民・主権を持つ共同社会の集合体が国家を形成する。国家は国内の平和と安全を保持し、外敵から人民を守る。主権の独立や不可侵の原則を謳い、他国からの干渉を排除するため軍事力を持つことが認められている。主権の独立を維持するためには政治・経済・社会文化の均衡を必要とする。では他国に対して、戦争や侵略行為に訴えて自国の利益を守ることは正当化できるのか。

兵は自らの自立・自尊・自由を尊重する。言葉を換えれば、他人の自立・自尊・自由を認めてこそ、初めて自らのそれらが成り立つ。すなわち、他者の思考を推し量る力量を備えることが、兵足りうる前提条件である。

国力[61]という観点から眺めるならば、侵略の歴史は秀吉の時代から始まる。秀吉は国内の土地争奪戦にケリをつけたものの、土地取り合戦を終了させたわけではない。1592年の文禄の役、1597年の慶長の役で朝鮮に出兵した。百戦錬磨の秀吉にして、相手国の十二分な情報を得ることなく侵略すれば、結論は自明の理である。他国から理由なき一方的な侵略ほど迷惑な話はない。それにも拘らず、時を隔てて、日本は幾度となくこのような戦いを仕掛けてきた。

すなわち明治の征韓論に次いで、朝鮮をめぐる日清戦争（1894〜95年）、朝鮮と満州をめぐる日露戦争（1904〜05年）、第一次世界大戦（1914〜18年）の余波による山東半島をめぐる攻防、日中戦争（１９３７～４５年）と第二次世界大戦（１９３９～４５年）である。結果としての敗戦は、いまだに日本は「完全な独立国」とは言えない状態になり下がった。

明治維新から太平洋戦争の敗戦まで、わずか75年間の間に、５度にわたる国際戦争を犯してしまった。世界的潮流があったとはいえ、２５０年間の鎖国時代に無意識的に醸成された日本人的気質が、外因として作動した可能性はないだろうか。すなわち世界的視野の狭窄、国内外の情勢変化への対応力不足そして島国根性などである。そして『失敗の本質』（戸部良一ほか）でも指摘されているように、国家の大事よりも仲間内重視の姿勢、公の場において本音で議論しない風潮などである。鎖国の評価はすでに多く存在する。しかし、今を生きるわれわれの立場から、今一度、再検討する必要があるように思う。

２　兵の道と精神

(1)　武士道と兵の道

日本武人の道は新渡戸稲造氏の『武士道』が有名である。しかしそれは明治の産物と理解すべき、と古川哲史氏は説く。すなわち戦国武人の道たる武士道と儒者の説いた士道は、まさに鋭角的に対立する関係にある、と言う。日本古来の武士道は、江戸時代初期に書かれた、『甲陽軍鑑』や『葉隠れ』にみられる。

古代の武士道は「もののふの道」[62]「ますらおの道」[63]、鎌倉時代の武人の道は「弓矢取る身の習」「弓矢の道」、戦国時代の武人の道は「侍道」「武士の道」にたどることができる、と古川氏は説く。新渡戸稲造氏の『武士道』があまりに有名になり独り歩きの感があるが、混乱を避けるために、むしろ「兵《つわもの》の道」とした方がわかりやすい。江戸時代の管理社会における武士道は平和裏の中の武士の道である。そしてあまりに窮屈だ。それ以前の社会は荒々しいがもっと自由があった。

日本においては孔子の『論語』ではなく、老荘思想の方がすっきり収まる。その上で、禅宗の精神を理解するほうが腑に落ちる。

(2) 兵の精神：自立・自律・自由そしてしたたかさ

自立・自律・自由を獲得するために、特に戦国時代は文字通り命を懸けて戦った。フェアなルールに則った戦いばかりしていると、簡単に戦略を読まれ、相手の手中に落ちることになる。それは兵どもが命を懸けて戦ってきた経験則である。

一例を挙げてみたい。戦国時代三大策略士の一人、毛利元就は安芸国の弱小国人から西国最大の戦国武将になった。毛利氏の所領は最大時１２０万石となる。天下分け目の関ヶ原の戦いでは西軍の総大将を務める。ところが大坂夏の陣では徳川に参陣した。毛利氏の将来を考えたのである。西軍総大将の責を問われ、防長2国56万石に減封されたものの、ともかくお家は存続できた。毛利家の偉大さは領土を半分に削られながら、召し抱えの家臣は極力、領土内で面倒を見たことである。主従関係の「信」は見事貫かれた。やがて２５０年後の明治維新を経て、毛利家は徳川家を追いやり、藩閥政治の中核として活躍するのである。厳島の戦いを始め、数々の策略・奇襲攻撃を交え、大大名になり、失敗し、時を経て、日本国を主導したのである。大どんでん返しではあるまいか。毛利氏のまさに兵どものしたたかさである。

⑶　老荘思想

老子は説く。国家は民衆の生活に干渉せず、無為のままに放任するような懐の大きい政府であるべきではないか。人の生活は自然発生的な村落共同体を基本とする。自然の生活を守るためには何より無の道を究めることが必要である。すなわち無為・無知・無欲である。

老子の理念を下敷きにして上積みをしたのが荘子である。人の生き方を探求し、万物斎同[64]と生死の同一[65]を説いた。森三樹三郎氏は『老荘と仏教』の中で次のように解説している。〝死の世界には暑さ寒さの苦しみはなく、君臣上下といったうるさい人間関係もない。死んでしまえば何もわからなくなるというのは極楽でなくて何であろうか。

生けるときは生に安んじ、死せるときは死に安んずる。すなわち、聖人は一切を失うことのない境地、一切の変化を自然のままに受け入れる境地に遊び、一切をそのままに肯定する。青春をよしとし、老年をよしとし、人生の始めをよしとし、人生の終わりをよしとする。〟

このような生死観をもつ老荘思想は禅宗や浄土宗に取り込まれて行った。

(4) 禅宗

鎌倉武士に積極的に支持された禅宗は生死自由という価値観を持つと言う。

鈴木大拙は禅宗が鎌倉武士に受け入れられた理由を次のように解説している。〝禅は意志の宗教であり、ひとたびその進路を決定した以上は振り返らぬことのない宗教である。そのためには生と死を無差別的に取り扱う必要がある。すなわち人を生死のきずなから解いたのである。その結果、どのような危機に際しても、左右いずれであれ現状打破の革新力となる。……所詮、すべての人は大宇宙からきて、そこに還り、そこに住むのである。〟

(5) 生き抜くということ

このような言及に至った背景をもう少し探ってみたい。道元は無我・利生の生き方を強調する。〝吾、我を離れることによって大宇宙を自己として生きることができる。〟本来私のものなど何もないと気づいたとき、物に対する執着はなくなり、かえって全宇宙が自分のものとなる。すなわち自己を捨てたとき、大きな自己が現れる。利他の生き方とは、他のために善いことをする生き方である。

具体的な生き方として、角田泰隆氏は『禅のすすめ』の中で次のように解説している。〝衆生を思うのに、親しいとか親しくないとか、分け隔てすることなく、平等に救済の心をもち、世間や出世間の利益についても、決して自分の利益を考えず、人に知られたり喜ばれたりすることがなくても、ただ人のためによいことをと心の中で思い、「私はこのような心をもっている」とも人に知られないようにするのが良い。そのためには、まず世を捨て、身を捨てなければならない。自分自身の身までも本当に捨ててしまえば、人に良く思われようとする心はなくなる。〟

また道元は言う。有情の世界に生きている自覚を持てと。あらゆるものに、かけがえのないいのちを認める。あらゆるものに「いのち」があるから、これを尊び大切にしなくてはならない。

凡人にとっては、言行不一致の言葉が並んでいる。精神的拠りどころとしては理解できるが、日常生活の中でどれだけ実践できるか甚だ疑問である。しかし戦国時代、昼夜、命を懸けた生活をしていた兵どもにとって、やはり共鳴する部分は多かったものと想像する。

太平の世（江戸時代）の武士と乱世の世（戦国時代）の兵とでは、五感ないし六感の働き方はおのずと違ったものになる。乱世にあっては己を守るのは己しかいない。研ぎ澄まされた感覚が頼りになる。なかでも視覚と聴覚を通して、脳の働きは活性化する。特に視覚は瞬時にして非常に多くの情報を知覚し脳に伝達する。その知覚の差が生死を分けることさえある。

左脳の働きが要求される江戸時代と違い、戦国時代においては右脳の働きが頼りになる。瞬時の直感が働かないと生きていくことができない。かといって常に緊張の連続では身が持たない。老子のような生き方に同調したいという願望が働く。余談になるが、右脳的生活を模索する中から、芸術文化が花開いた。

正覚寺祐玄がどうして険しい山の頂に僧庵を建立し、自然の中に己の身をおこうとしたのか。いまだに果たせぬ先祖の夢を、兵の夢を、祐玄なりに見続けたいと、願ったのではないだろうか。命ある限り、生かされていることへの感謝と、己の思いを大事にして己の精神への探求を決意した。「自我とは、他我とは、兵道とは」

「土地本位制」とは土地の争奪戦のことではない。土地は水や光と同様に自然そのものであり、それらは生命を育む土壌である。人は大自然のほんの一端を占めているにすぎない。土地は多くの命に生きる場所を提供している。

注

60 一所懸命：賜った1カ所の領地を生命をかけて生活の頼みとすること。

61 国力の諸要素：主要なものとして、①国土、②人口、③軍事力、④経済力、⑤技術力、⑥ソフトパワー（文化、芸術など）が挙げられる。

62 もののふ：武勇をもって仕え、戦陣に立つ武人・つわもの。

63 ますらお：強く勇ましい男子。

64 万物斎同《ばんぶつさいどう》：知識という人為を加えない、ありのままの世界・自然の世界では、あらゆる対立差別は消失し、すべてが同じである。

65 生死の同一：必然と自然と運命とは同じである。死こそ、人間を永遠の闇に誘うものである。すなわち、もともと人間は無から生まれたものであるから、死によって無に帰るのはあたかも故郷に帰るのと同じではないか。

【おわりに】

正覚寺家系図との語らいもそろそろ終わりが近づいてきた。この語らいにより再認識したことがある。まず、個々人のやすらぎは、社会の安定の上に成り立っており、社会のダイナミズムの上に、個々人は未来への希望を抱くことができる。次に、土地所有問題がらみの紛争は人災による社会不安の最たるものである。太閤検地で一応のケリがついたと思われたこの問題は、江戸時代においても依然として歴史の根底に息づいていたし、時代が変わり明治維新から今日まで、ことあるごとに正体を現してきた。今日でも依然として引きずっている問題であり、今後とも起こりうる問題である。

この問題は、領土・生産性・人口などの諸要素から構成される国力の問題と置き換えることができる。これら諸要素の因果関係はそれぞれが複雑に絡み合っている。諸要素のもつれの結果として、土地をめぐる紛争や戦争が勃発してきた。長期的視座で考えてみたい。日本の人口の推移ならびに海外諸国との大きな紛争・戦争を確認してみよう。白村江の戦で大敗を喫した頃の人口は600万人内外、鎌倉開幕時760万人、室町幕府成立時

800万人、江戸開幕時1200万人、享保の改革が行われた1720年頃3100万人、明治維新の頃3300万人である。ここまでは1～2の例外を除き、概ね緩やかな上昇曲線を描いている。例外とは室町末期頃、そして江戸時代前半頃である。詳細は205頁のグラフ参照。

室町時代末期頃から農業生産は拡大した。在地領主による開墾、戦国大名による大規模な領内開発、小農民の自立などが背景にある。生産高の増加により人口が増えた時期は戦国時代と重なっている。生産余剰により富を蓄え、権力拡大を志向する兵どもは自己増殖を始め、更なる富・権力をもくろんだ。

江戸開幕後、約100年間で2000万人増加している。それぞれの事情を持つ各藩が領内開発に注力した結果である。しかし享保の改革から約100年間は大きな人口増加は見られない。開発地制約が大きいが、鎖国政策との因果関係はありそうだ。

明治維新頃の人口3330万人は、その後うなぎ登りで上昇し、第二次世界大戦終了時で7200万人となる。約100年間で3870万人も増加した。その後も増え続け、

２０００年には1億２６９０万人へと増加した。約60年間で５５００万人も増加した。しかしわずか4年後の２００４年12月に1億２７８０万人を記録し、ピークアウトした。問題はこの異常とも思える人口増加曲線がもたらした結末である。

明治維新の頃、欧米列強は日本の植民地化をもくろんだ。かろうじてこの危機を乗り越えた明治新政府は、人口急増を背景とした国富増強政策を展開した。列強諸国と中国・朝鮮の領土権益をめぐって争い、その結末が日清戦争・日露戦争・第一次世界大戦便乗参戦・日中戦争／第二次世界大戦（太平洋戦争）である。更なる問題は今後の人口動態予測である。総務省予測によると、２０５０年９５００万人、２１００年には４８００万人と極めて急激な減少が予測されている。

人口減少という国力衰退は外国の干渉を受けやすくする。このことは歴史が実証してきたことである。どこまで人口減少させるのかという適正水準の問題はあるものの、極力緩やかな人口下降曲線に変更する必要がある。そして妥当だと判断した地点から、再び緩やかな上昇曲線に転ずる施策が必要になる。

そして何より、現在の日本の世界における立ち位置を考えるならば、全産業における一人当たりの生産性を2倍に引き上げる覚悟が必要だ。そのためには、兵どもの活力としたたかさを取り戻すことが欠かせない。「兵スピリッツ」とでもいうべきアニマルスピリッツの復活である。

中核になるのは、イノベーションによる変革であり、教育の変革である。サラリーマン育成型教育ではなく、創業者育成型教育である。価値観の変更が求められる。出る杭は打つのではなく、引き上げなければならない。

兵どもが活躍した時代、地方はもっと輝いていた。個性があった。地方こそ豊かな生活が保障されるしくみづくりが求められている。それがバランスのとれた国力である。

地政学的リスクの高いところに、日本は位置している。しかも、もはや自分の国を単独で守れない状況にある。一方、国際間の関係は残念ながら戦国時代さながらの状態にある。中国の南シナ海や東シナ海での行動・台湾問題、ロシアのウクライナ侵攻など、現在においても土地取り合戦は健在である。

令和の兵どもの出現が望まれる。

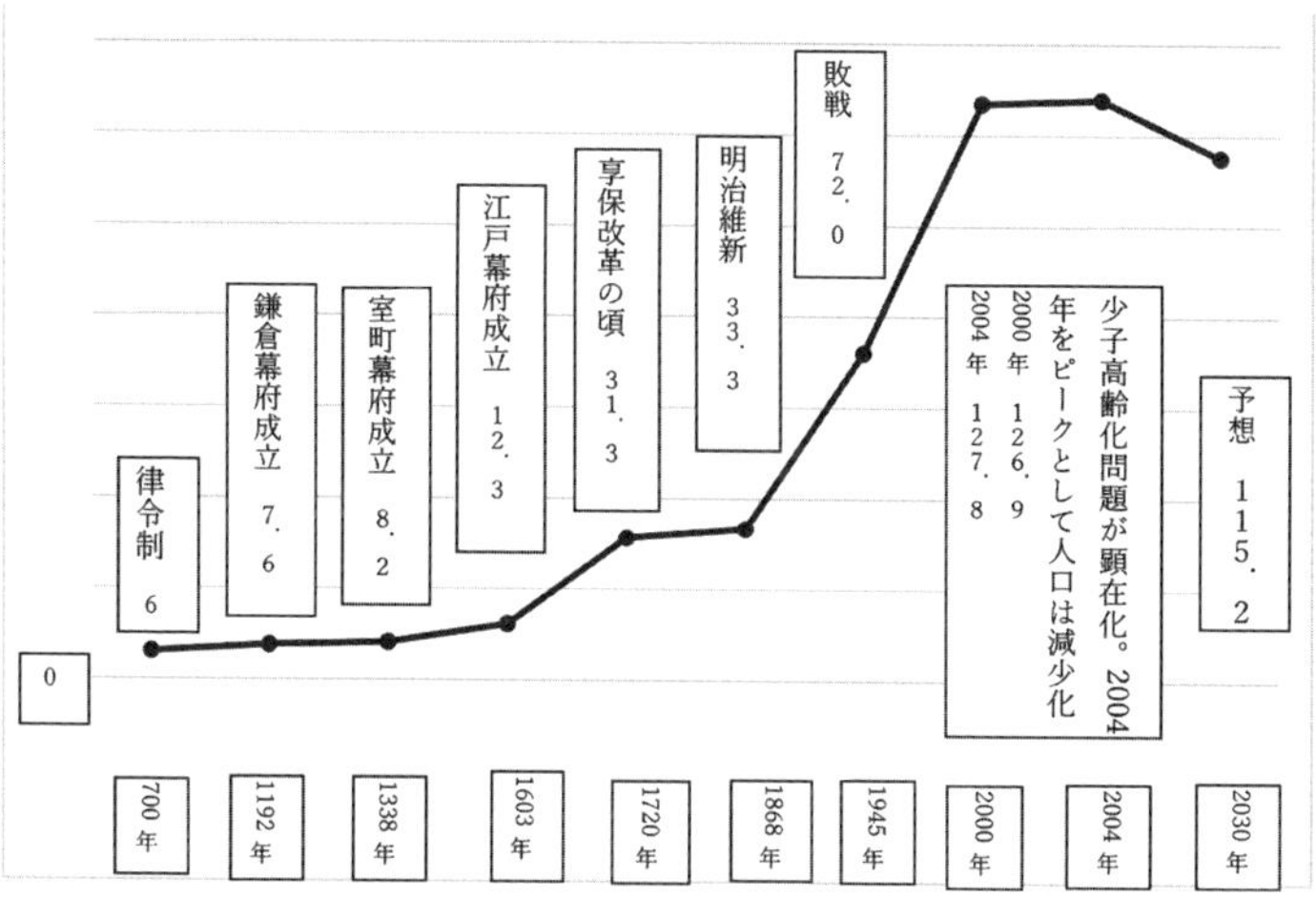

総人口の長期的推移（単位：百万人）

（総務省統計をベースに著者作成）

日本国と海外との戦争

663年	白村江の戦い	日本・百済連合軍対唐・新羅連合軍の戦い。日本は大敗を喫す。日本は国家としての未熟さを痛感した。
1274年 1281年	元寇：文永の役・弘安の役	高麗を服従させたフビライ・ハンは日本に対しても朝貢させ国交樹立を目論んだ。日本はこれを侵略の前触として防衛体制を固めた。
1592～1598年	文禄・慶長の役	明征服を目ざして朝鮮に兵をだした侵略戦争。秀吉の一方的な朝鮮侵略で、16万の兵を派遣した。敗北。
1854～1869年頃	幕末	列強諸国：アメリカ・イギリス・ロシア・フランス・オランダ等は幕末の混乱に乗じて植民地干渉を展開した。
1894～1895年	日清戦争	朝鮮支配をめぐる日本と清国の戦争。朝鮮国内の動乱を平定のため、朝鮮政府は清国に出兵を請ったが、日本も独自に出兵。日清講和条約締結後、三国（ロシア・ドイツ・フランス）による干渉あり。
1904～1905年	日露戦争	朝鮮と南満州支配をめぐった戦い。三国干渉後、列強による中国分割が進行。アメリカは機会均等を主張。ロシアの南下阻止を企むイギリスは日英同盟を提案。
1914～1918年	第一次世界大戦	ドイツの混乱に乗じて、日本はドイツ支配下：中国膠州湾租借地などを占領。日本の対華21カ条の要求に対し、火事場泥棒とアメリカは反発。アメリカの日本に対する不信感を増幅させた。
1937～1945年	日中戦争・太平洋戦争	盧溝橋事件に始まり、中国との全面戦争に拡大・泥沼化していく。第二次世界大戦の東アジアにおける導火線ともなった。

（著者作成）

あとがき

先祖の記録がこの旅立ちの動機を強く促してくれた。彼らは一所懸命に生きながら夢を追い求めてきた。千年という時空を通して、その時々に生きた彼らに想いを馳せ、彼らが生きたそれぞれの場所に立つことができた。それらの場所に立ち、自らの目に映る景色を通して、彼らと少しばかり語らうことができた。振り返れば、わが祖先は戦いの連続の中に生きてきた。しかも戦いの結果はほとんどが負け戦であり、失敗の連続であった。

遥か昔、古代ギリシアの歴史家トゥキュディデスは戦争の克明な記録を綴った。アテネとスパルタとの間のギリシアの覇権をかけたペロポネソス戦争である。著者はアテネ軍の将軍として、この戦争に参加した。彼の作戦は失敗に終わり、アテネを追放された。戦いが終わると、彼は戦場をもう一度訪れ、客観的に戦争の経緯を辿り、真実を捉えようと試みた。そして彼は「敗北が戦争の本質的要素である」と結論づけている。

歴史は「勝者の論理」で記録されていく。勝者の数は敗者の数より圧倒的に少ない。ほとんどの参戦者は敗者の側に立つのが常である。戦国時代、館・曲輪などを含めた数は2万〜5万城もあった様子だが、それらのほんの一部が史跡や城・館跡として残存している。それらの多くは勝者のものである。大部分は記録から消え、忘れ去られた。当然のことながら、敗者側の記録は皆無に近い。あれほど命を懸けて戦ったにも拘らず、ほとんどの行為はやがて何もなかったごとく時の闇に消え去ってしまう。敗者の論理で考えることは意義あることのように思える。失敗の本質が理解できない限り同じ失敗を繰り返す。

鉄砲伝来以降の戦い方は変わっていった。数の論理が有益になってきたため、各領土に囲われた農民たちも駆り出されることになる。否が応でも駆り出される農民にとっては、はた迷惑な話である。しかも精魂込めて作った作物は荒らされ、略奪される。誰の保証も得られない。これこそ敗者の論理の典型であろう。

至近の例では太平洋戦争だ。勝てる見込みの全くない戦争に踏み込む無謀さ、負け方を知らない戦い方、最前線で敵と戦うのではなく、飢えと戦って死に追いやられた人々、空気しか読まない一般国民など、規定外だらけだ。戦いの本質が敗北・悲惨さならば、まず検討すべきは戦いを極力避けること、戦わないで済む方法を優先して考え抜くことではないだろうか。それでも戦わなければならないときは、どうすれば負けない戦い方ができるか模索する。

「戦争の本質は敗戦にあり」いまだ日本は敗者の呪縛に捕らわれた状態にある。敗戦70年が経過したにも拘らず、軍事面では依然として戦勝国アメリカに大きく依存している。依存病は、無意識のうちに、自尊・自立のために、自らが考える力を奪いさる。事実、自立のための食料・エネルギー・医療などの安全保障対策はなおざりにされてきた。しくみづくりのための最大のチャンスであった時期ですら、有効に生かすことができなかった。失われた30年は現実のものとなり、失った30年となった。そして、世界における日本の立ち位置は後退する一方である。

したたかに生きる国：スイスのような戦略と日本は真摯に向き合うべきではないだろうか。いくら平和憲法というお題目ばかり唱えても、野心に燃える侵略者にとっては1％の効果もない。いざとなれば、自主自衛の心構えと装備がなければ、命はいくらあっても足りない。

千年の兵どもが夢を追って行くと、彼らは予想以上にしたたかで、粘り強く、行動範囲の広さにも驚く。正確な情報収集があってこそ、豊富な行動力は可能になる。どんな困難に遭遇しても彼らは生き抜いてきた。それでも志半ばで力尽きた彼らの思いをどのように理解し、どのように教訓として胸に刻めばよいのか。敗者の論理を生かし、実践してこそ教訓は生きる。貴重な敗者の記録を積み重ねることにより、時空を超えた発想が可能になる。その次元から、教訓に学び、ものごとを見つめ、そして未来へ繋いでいくのである。

正覚《しょうがく》：正しい悟り。真理を体得した仏の悟り。三菩提。と辞書にはある。「生き抜く」という千年の格闘で得た結論は「安らぎ」「自立」「自由」を求めた戦いであったと理解したい。山里の麓にたどり着き、やっと安らぎを得ることができた。安らぎを得るには「無我」の境地が前提条件になる。我、正覚を覚る。果たして、この答えで先祖は満足するであろうか。

機会があれば、宝篋印塔の前に黙し、今一度、耳を傾けてみたい。

兵どもが千年の夢　ここ山里の麓に眠る

参考文献

第1章

1 『鴻巣史話』（1969年）鴻巣市郷土研究会
2 『武蔵武士と戦乱の時代』田代脩（2009年）さきたま出版会
3 『埼玉県指定遺跡伝源経基館跡保存管理計画書』（1997年）鴻巣市教育委員会
4 『武蔵の古代史』森田悌（2013年）さきたま出版会
5 『国別守護・戦国大名事典』西ヶ谷恭弘（平成10年）東京堂出版
6 『日本大百科全書（ニッポニカ）』小学館
7 「フリー百科事典　ウィキペディア」
8 『岩波講座　日本歴史　古代4、中世1・2・3・4』岩波書店
9 『鴻巣市史　通史編Ⅰ』
10 『室町幕府の政治と経済』桑山浩然（2006年）吉川弘文館
11 『新版　角川日本地名大辞典』角川書店
12 『国衙機構の研究』関幸彦（1984年）吉川弘文館
13 『応仁の乱』呉座勇一（2007年）中公新書

14 『荘園』伊藤俊一（2021年）中公新書
15 『日本史のツボ』本郷和人（2018年）文藝春秋
16 『戦国大名論集（六）』黒川直則ほか　吉川弘文館
17 「武蔵国における国人領主制の展開」段木一行　法政大学史学会（インターネット）

第2章

1 『牢人たちの戦国時代』渡邊大門（2014年）平凡社新書
2 『戦国大名論集（六）』黒川直則、松浦義則ほか　吉川弘文館
3 「武蔵国における国人領主制の展開」段木一行　法政大学史学会（インターネット）
4 「塩津港の『みなと文化』」似内恵子（インターネット）
5 「近江国山中氏の一考察」竹山靖玄　鷹陵史学会（インターネット）
6 「信濃の東山道と万葉歌」上田市立信濃国分寺資料館（インターネット）
7 「フリー百科事典　ウィキペディア」
8 『日本国語大辞典』小学館
9 『岩波講座　日本歴史　中世3』岩波書店
10 『応仁の乱』呉座勇一（2007年）中公新書

第3章

1 『山中鹿介』藤岡大拙（2017年）ハーベスト出版
2 『姓氏家系大事典』丹羽基二（2006年）新人物往来社
3 『戦国大名論集（六）』松浦義則ほか　吉川弘文館
4 『日本大百科全書（ニッポニカ）』小学館
5 『岩波講座　日本歴史　中世3・4　近世1』岩波書店
6 「フリー百科事典　ウィキペディア」

第4章

1 「近世の墓石と墓誌を探る」立正大学博物館（インターネット）
2 『広郷土資料』広郷土史研究会　上河内良編
3 『岩波講座　日本歴史　近世1・2・3・4、近代1・2・3・4』岩波書店
4 「フリー百科事典　ウィキペディア」
5 「江戸時代中葉以降における寺院生活史の考察」和田謙寿（インターネット）
6 『くろせの歴史』郷土史研究家　飯田米秋
7 『牢人たちの戦国時代』渡邊大門（2014年）平凡社新書

第5章

1 『老荘を読む』蜂屋邦夫　講談社現代新書
2 『禅的生活』玄侑宗久（2004年）ちくま新書
3 『老子・荘子』守屋洋（1995年）PHP研究所
4 『老荘と仏教』森三樹三郎（2003年）講談社学術文庫
5 『禅のすすめ』角田泰隆（2003年）NHKライブラリー
6 『禅と日本文化』鈴木大拙（2017年）岩波新書
7 『禅思想』柳田聖山（1998年）中公新書
8 『禅と日本文化』柳田聖山（2005年）講談社学術文庫
9 「日本における土地所有権制度の成立プロセスの特色」松尾弘　東京財団政策研究所（インターネット）
10 『トゥーキュディデース歴史』（2005年）筑摩書房
11 『失敗の本質　日本軍の組織論的研究』戸部良一ほか（2003年）中公文庫

梶原　隆博（かじはら　たかひろ）

1948年生まれ。広島県出身。マンチェスター大学修士課程修了（専攻：開発金融）。東京銀行勤務。後、転職し開発コンサルタント業務に従事。

兵どもが千年の夢
正覚寺のルーツを尋ねて

2023年3月13日　初版第1刷発行

著　　者　梶原隆博
発 行 者　中田典昭
発 行 所　東京図書出版
発行発売　株式会社 リフレ出版
〒112-0001　東京都文京区白山 5-4-1-2F
電話 (03)6772-7906　FAX 0120-41-8080
印　　刷　株式会社 ブレイン

ISBN978-4-86641-602-1 C0021
Printed in Japan 2023